PALABRA DE HISTORIADOR

En busca de la memoria argentina

FÉLIX LUNA - ANALÍA ROFFO

PALABRA DE HISTORIADOR

En busca de la memoria argentina

EDITORIAL SUDAMERICANA
BUENOS AIRES

Queda hecho el depósito
que previene la ley 11.723.
© *1999, Editorial Sudamericana S.A.*
Humberto I 531, Buenos Aires.

ISBN 950-07-1686-0

A mis nietos Lucio y Marco Agustoni
F. L.

A mis sobrinos Julieta y Francisco Roffo
A. R.

PRÓLOGO

Un libro rondaba en la cabeza de Félix Luna y dos en la mía cuando nos sentamos a hablar por primera vez.

Él recordaba sus *Conversaciones con José Luis Romero*. En 1976, ambos habían hablado con tanta llaneza como hondura de la historia de nuestro país y del oficio que compartían.

Yo pensaba en dos libros que habían optado por un mismo enfoque: el de "una historia personal". Katharine Graham, la dueña de *The Washington Post*, había titulado así la historia del diario cuya conducción heredó a la muerte de su marido. Timothy Garton Ash, periodista e historiador, decidió no desestimar su subjetividad en *We the people*, el nombre del volumen en el que narró su visión de la caída del Muro de Berlín.

Acordamos entonces rápidamente que este libro imaginaba lectores atentos y curiosos, ávidos de ser involucrados con un tono coloquial en el que la polémica, la honesta subjetividad e incluso el humor tendrían cabida, y dispuestos a construir con nosotros una mirada personal y comprometida sobre la historia argentina.

Definido el registro, fue sencillo armar el temario: un historiador como Félix Luna permitía ampliar la lente, eludir la tendencia a la fragmentación y al análisis restringido (que parece un hábito ya consolidado en nuestras investigaciones históricas) y estimular la flexibilidad del plan inicial para no desaprovechar desvíos sustanciosos.

De esta forma, revisamos la historia argentina a partir de cuatro grandes reagrupamientos: *Los sueños* (los proyectos detrás de los que se encolumnaron los constructores de políticas y la gente), *Los motores* (los hombres que cargaron sobre sí las decisiones definitivas), *Las bisagras* (los momentos en que se produjeron grandes quiebres, para bien o para mal) y *Las constantes* (los rasgos que le dan identidad a nuestra historia). En el capítulo final (El francotirador), Luna ajusta sus propias cuentas con la historia.

En su cuento "El Aleph", Borges ubica en un sótano de cierta casa de la calle Garay ese núcleo mágico en el que se concentraban todos los hechos y todos los tiempos posibles. Cada lunes, de noviembre a abril, en esa británica y umbrosa casa de Reconquista y Córdoba en la que Félix tiene su estudio, tuve la misma sensación: el grabador se prendía, yo disparaba la primera pregunta y la historia argentina se desplegaba con riqueza y generosidad, sin límites.

ANALÍA ROFFO
Junio de 1999

LOS SUEÑOS

Hay un concepto en la historia que quizás sea ya un lugar común, pero que me parece muy rico para desentrañar. Se dice que es en las revoluciones donde se juntan los hombres, los sueños y la historia. Lo afirma François Furet cuando estudia la Revolución Francesa, lo dice Ralph Dahrendorf cuando narra la caída del Muro de Berlín y lo deja escrito también Michel Foucault cuando respalda la revolución de los ayatolas contra el sha de Irán. ¿En qué momento los hombres se encontraron con sus sueños en la historia argentina?

Desde luego, la Revolución de Mayo es uno de esos momentos. Quizás los soñadores no eran muchos y es probable que ni siquiera tuvieran demasiado claros sus sueños. Pero indudablemente, la idea de que esta antigua dependencia española se convirtiera en un país era un sueño que venían acariciando los patriotas desde años atrás. De modo que la Revolución y sus secuelas fueron ese punto de confluencia de sueños y de hechos concretos.

¿En qué consistirían esos sueños? En primer lugar, en constituir una Nación, un país nuevo, independiente, sin ninguna clase de vínculos con la antigua metrópoli ni con ninguna otra, como se agregó expresamente en la declaración de la independencia de Tucumán. En segundo lugar, la idea era hacer una sociedad más justa, mediante dos principios fundamentales: el de que la autoridad venía del pueblo, no ya del rey ni de Dios, como antes, y el de que debía construirse una sociedad más igualitaria, aboliendo el régimen de castas que había existido durante la dominación española, estableciendo un sistema de mayor movilidad social y de reconocimiento de derechos de los habitantes. Podríamos decir también, en tercer lugar, la construcción de un Estado que de alguna manera equilibrara la relación siempre conflictiva entre Buenos Aires y el interior del país. Creo que éstos fueron los tres principales ejes de las ilusiones de los hombres de Mayo, que desde luego no se concretaron en seguida; quizás no lo hayan hecho nunca. Por ejemplo, una de las ideas más fuertes y también uno de los mayores déficit es la construcción de un Estado que corrigiera las deficiencias de nuestra geografía; éste es un país con una sola entrada y con un enorme país interior, generalmente olvidado y desprotegido. Pero, de cualquier modo, todos éstos fueron objetivos motores que se plantearon desde el principio y alrededor de los cuales se fueron dando las luchas y los enfrentamientos del siglo posterior.

Usted señala que uno de los primeros sueños fue el de hacer valer que el poder emanaba del pueblo y no del rey. ¿Se habla ya por entonces de democracia, había una conciencia de que ése era un valor por defender?

Democracia por esos años inaugurales de la independencia era un poco una mala palabra, porque equivalía a demagogia; era una expresión demasiado asociada a los excesos de la Revolución Francesa. Pero todo apuntaba a crear una sociedad democrática y algunos hechos concretos, de tipo operativo, trabajaban en este sentido. Entre ellos, las leyes electorales que se van dictando y que reconocen el derecho al sufragio de todos los habitantes, sin distinción de clases y sin atender a si eran libres o asalariados. Por ejemplo en Córdoba, en 1817, un reglamento electoral dictamina que los negros pueden ser elegidos y elegir, en ciertas condiciones. Pero debemos reconocer que estas leyes fueron de relativa aplicación.

El momento en que realmente se hace realidad el sueño de igualdad civil y política fue cuando el pueblo puede votar libremente luego de la promulgación de la ley Sáenz Peña, en 1912. Ahí es cuando se concreta un anhelo popular que llevaba más de veinte años y que había sido llevado adelante por el radicalismo. Evidentemente, cambia la fisonomía política del país y esas ilusiones democráticas se corporizan. No importa lo que haya pasado después, no importa que por ahí se haya podido incurrir en demagogia, en excesos o en politiquería electoral. Lo cierto es que al votar el pueblo, no solamente se hizo concreto y operativo el principio que se había planteado desde la Revolución de Mayo, sino que un aire nuevo, un espíritu nuevo empezó a campear en el país.

Creo que es importante mencionar también otro momento de concreción de sueños, de encuentro de hombres con la historia como usted planteaba. Me refiero al momento en que Perón lanza su política de justicia social. Justicia social que no duró mucho tiempo y que careció de una base de infraestructura que la mantuviera pero que, mientras duró, dio felicidad a muchos argentinos y les inculcó ese sentido igualitario y de justicia que siempre había estado latente y que ahora parecía realizarse. Sería injusto no recordar otro momento clave: 1983, cuando se recupera la democracia y los hombres sienten que han cumplido con otro gran sueño.

¿Qué son los sueños, entonces? ¿La conjunción de la voluntad popular con el motor que aporta la clase dirigente?

Exactamente. La concreción de los mejores sueños tiene que ver con una suma casi mágica de varias circunstancias: el contexto nacional, el contexto internacional, el espíritu de la época, los valores que prevalecen en un momento dado y la aparición de los protagonistas que sepan liderar.

Empecemos por desovillar el primer sueño, el de construir un país independiente, una gran nación. ¿Los dirigentes que impulsaron la Revolución de Mayo tenían conciencia clara de la tarea que había por delante?

Es probable que los extranjeros, más que los criollos que hicieron la Revolución de Mayo, hayan sido los que tenían conciencia de que detrás de ella se escondía el propósito de conseguir la independencia para el antiguo virreinato. Los capitanes de barcos norteamericanos, que estaban fondeados en Buenos Aires en mayo de 1810, cuando volvieron a sus puertos de Nueva Inglaterra, llevaron la noticia de que se había hecho un pronunciamiento en Buenos Aires y que ese movimiento llevaba implícita la idea de independizarse de España. Eso no se difundió aquí por razones políticas, pero seguramente dentro de la Junta había tres o cuatro personas que tenían bastante claro esto: hablo de Mariano Moreno, Manuel Belgrano y Juan José Castelli, por supuesto. Ellos eran de los pocos que descontaban que la revolución derivaría en la independencia y, en consecuencia, en la construcción de una nueva nación.

Hay pasos que se van dando que muestran esta conciencia: las leyes y decretos sobre libertad de imprenta en 1811, las normas que sanciona la Asamblea Constituyente adoptando la bandera argentina y la escarapela, la acuñación de nueva moneda con signos que nada tenían que ver con los españoles y, por sobre todo esto, los aires que campeaban y los nuevos valores que empezaban a teñir la conducta política. Se empezaba a hablar de igualdad, de soberanía popular, de retroversión de la autoridad. Evidentemente, se trataba de construir algo muy distinto a lo que se tenía.

Pero estos propósitos sufrieron un tropiezo cuando en 1814 Fernando VII vuelve al trono de España. La revolución se había hecho teóricamente sobre la base de la defensa de los derechos del monarca y de la desobediencia a cualquier otro gobierno que lo suplantara —en este caso, el de Napoleón—. Por eso, el regreso de Fernando VII al trono descolocaba a la dirigencia patriota. Gervasio Posadas, en sus memorias, es contundente: "Napoleón nos dejó en los cuernos del toro", dice. Es que cuando Napoleón ve que su poder empieza a crujir, libera a Fernando y deja sin fundamentos a los que habían declarado la ruptura con el gobierno levantado en España con la excusa de respetar al rey frente a una eventual invasión francesa de la península ibérica. Pero ya para entonces la idea de independencia había calado muy hondo, sobre todo en Buenos Aires.

De modo que dos años después, en 1816, no hay mayores trabas para declarar la independencia. Pero declarar la independencia era una cosa, y construir una nación, otra. Sin embargo, había algunas constantes que fueron sostenidas desde el primer momento de la Revolución de Mayo y que consolidaban la concepción de un nuevo país. Una de ellas era el sentido de igualdad; es decir, la intención de terminar con la sociedad de castas que había caracterizado el orden colonial y pasar a una sociedad de clases, en donde la movilidad estuviera dada por la aptitud o la suerte del individuo para poder ascender socialmente. En realidad, la dinámica misma de la Revolución ya estaba promoviendo esta movilidad: el memorialista Beruti se queja, en esos años, de los antiguos tenderos, artesanos y gente menor que estaba llegando a puestos importantes en el nuevo orden de cosas.

Otra preocupación fue la de mantener la integridad del antiguo virreinato, para que la nueva entidad nacional tuviera la misma jurisdicción del que había creado Carlos III y que incluía el Alto Perú, Uruguay —la Banda Oriental— y Paraguay. Estas tres regiones se fueron separando, pero los patriotas pudieron mantener una región lo suficientemente integrada —lo que hoy es nuestro país— como para que fuera posible construir una nación y un Estado.

Quienes llevan adelante la Revolución dicen representar la voluntad popular. ¿Cuánta gente estaba detrás de ellos realmente?

Esa expresión, "voluntad popular", realmente les preocupaba mucho. En el Cabildo Abierto del 22 de mayo, Cornelio Saavedra, al fundamentar su voto respecto de separar al virrey de su cargo, menciona con énfasis que no debe quedar duda de que es el pueblo el autor de la medida. Que esto fuera realmente así es cuestión de debate, porque los temas que sacudían al Cabildo fueron seguidos por una pequeña multitud de 400 o 500 personas, que no eran ni el 1% de la población de Buenos Aires. Pero los patriotas pretendían representar lo que en ese momento era el sentir popular, por lo que era imprescindible vincular ese sentimiento con la autoridad que ellos ejercían. Este principio tardará mucho en concretarse; digamos que lo hace realmente en 1912, con la sanción de la ley Sáenz Peña del voto universal. Pero, de todos modos, hay que reconocer que en las leyes que emanan de la Primera Junta, en los gobiernos posteriores y en cada uno de los intentos de dar una Constitución, la voluntad popular es tenida siempre como fuente indiscutida de poder. Este principio da origen, entre otras cosas, a la separación de las llamadas ciudades subalternas de las ciudades principales: La Rioja de Córdoba, Catamarca de Tucumán, más tarde Jujuy de Salta, etcétera. Y da origen también al primer sistema de elecciones para designar a los representantes del pueblo que se van cumpliendo, con mayor o menor normalidad, de 1820 a 1828 en la provincia de Buenos Aires.

De modo que las ideas de una sociedad igualitaria, de un territorio que conservara la integración heredada del virreinato y de una estructura democrática de gobierno fueron las bases de ese sueño que fue la Revolución de Mayo y el sustento de una cultura política que se fue consolidando desde entonces.

¿De dónde venían esas ideas? ¿Qué leían los patriotas y cómo construyeron su ideología?

Las ideas les llegaron, básicamente, de la Revolución Francesa, y casi todos ellos habían leído también a Juan Jacobo Rousseau: el concepto de "contrato social", de pacto político de convivencia, los seducía. También conocían la filosofía española de Suárez y de Victoria, que planteaba precisamente que el origen de la autoridad emanaba del pueblo, que a su vez lo depositaba en el monarca. Por eso los patriotas aplican el concepto tan pronto como ocurre la prisión de Fernando VII a manos de Napoleón; entienden que se ha instalado un gobierno usurpador del poder y que ellos deben hacerse cargo de esa autoridad que queda vacante, que les llega desde el pueblo y los insta a elegir nuevas autoridades. También el ejemplo de la revolución e independencia americana, en 1776, había

17

impactado seriamente en el Río de la Plata. Aquí llegaba una cantidad importante de barcos con marinos y comerciantes norteamericanos, que relataban puntualmente cómo habían desalojado a los ingleses del poder.

¿Uno podría decir entonces que existe un pensamiento homogéneo que se desarrolla desde la Revolución de Mayo y culmina con la declaración de la independencia?

Exactamente. Un pensamiento homogéneo que se fragmenta poco después, cuando se plantea un desafío enorme: qué organización política iba a tener ese país que acababa de darse la independencia. Gruesamente hablando, lo que se plantea es la opción entre un régimen centralizado con base en Buenos Aires y un régimen descentralizado en el cual las provincias —que ya iban adquiriendo perfil propio, personería institucional— tuvieran cierta autonomía. Estas diferencias se plantean desde el principio: cuando José Artigas envía a los diputados de la Banda Oriental para participar de la Asamblea de 1813 —diputados que, dicho sea de paso, serán rechazados por la Asamblea—, les da como instrucciones concretas apostar por un país federal o confederal, en el que cada provincia tuviera los mismos derechos que las otras. Esto molesta mucho a los dirigentes de Buenos Aires, no sólo porque Buenos Aires se siente la heredera del poder monárquico ejercido desde Madrid, sino porque para muchos esta organización implicaría un tremendo desorden. Se pensaba que esas provincias pequeñas o recién inauguradas, que no tenían clase dirigente ni rentas ni tradición política bien afirmada, podían caer en el caos, la anarquía o la guerra recíproca. Entonces, parecía conveniente crear un régimen más estabilizado, que estuviera manejado desde Buenos Aires, sin lugar a dudas la ciudad más importante y con más experiencia de gobierno frente a las demás provincias.

¿Realmente la dirigencia política de Buenos Aires era más hábil y más dinámica y tenía más entrenamiento que la del interior?

Evidentemente, sí. Buenos Aires era una ciudad que en el último tercio del siglo XVIII había adquirido características muy específicas. De pronto se había convertido en la cabeza del virreinato, se había enriquecido con un comercio que se iba abriendo gradualmente y además tenía una sociedad en la que las ideas igualitarias eran hegemónicas sin necesidad de que nadie debiera defenderlas porque no eran atacadas. Aquí llegaba gente de los orígenes más diversos y si eran medianamente hábiles y la suerte los acompañaba, ascendían socialmente sin que nadie les pusiera trabas. Los padres de Belgrano, los de Castelli y el propio Alzaga —por citar apenas unos ejemplos— pueden dar cuenta de esa conducta igualitaria de Buenos Aires, según la cual nadie preguntaba de dónde venían sino qué podían hacer y cómo. "Tanto tienes, tanto vales" parecía el lema de una sociedad plebeya, igualitaria, democrática. En cierto sentido, distinta de las sociedades del interior —sobre todo Córdoba y Salta—, en donde las categorías sociales eran rígidas y tremendamente respetadas, y en las que los antepasados definían la valoración que se tenía de cada individuo.

Por todo esto, Buenos Aires permitió el surgimiento de una burguesía comercial dinámica, apta y muy receptiva a las ideas de modernización que llegaban de Europa. De modo que, desde el principio, Buenos Aires fue una ciudad que parecía destinada a manejar los destinos de la nación. Sobre todo porque había liderado situaciones de peso y se ocupaba de recordarlo cada vez que era necesario. Me refiero a episodios como el de 1680 cuando la ciudad de Buenos Aires, sola, termina con la ocupación portuguesa de la Colonia del Sacramento. Sin siquiera una orden del rey, Buenos Aires convoca a soldados del Tucumán y con ellos, más indios que aportan los jesuitas, liquida ese establecimiento portugués en Colonia, lo que le significó un prestigio muy grande. Un espaldarazo semejante fue logrado con el rechazo a las Invasiones Inglesas de 1806 y 1807. Un pueblo pacífico, que no tenía casi regimientos permanentes y que no sabía pelear, consigue por las suyas expulsar a las tropas más valientes y entrenadas del mundo. El prestigio se multiplica. Por eso, cuando Juan José Paso habla, en el Cabildo del 22 de mayo, de la hermana mayor, está aludiendo no a una figura retórica sino a la realidad: Buenos Aires era realmente la hermana mayor del virreinato.

Esa condición da lugar a la existencia de una clase dirigente que se propone liderar la ciudad y el país, aun cuando a veces —hay que reconocerlo— se trate de dirigentes improvisados. Porque no todos ellos vienen del éxito y la respetabilidad. Las revoluciones, es frecuente, se hacen con fracasados, con resentidos, con desplazados... Lo dijo alguna vez Lenin.

¿Esos dirigentes eran conscientes de que estaban inaugurando una carrera política? ¿O la vivían como un mero agregado al trabajo que desempeñaban?

Estoy seguro de que eran conscientes de que estaban haciendo política y de los riesgos que eso significaba. Sabían, por ejemplo, que en el interior la Revolución no tenía repercusión favorable. Había contrarrevolución en Córdoba, disturbios en Mendoza, demoras en el reconocimiento de la Junta en Salta. El interior se mantuvo mucho menos entusiasta que Buenos Aires, y los porteños eran conscientes de que si les fallaba esta apuesta les iba a ir muy mal a todos. Sobre todo, después del fusilamiento de Liniers. No dudo de que todos tenían una conciencia bastante clara de la función que estaban cumpliendo, de los peligros que corrían y de la necesidad de protegerse.

Cuando uno piensa en el sueño que significa construir un país se pregunta qué perfil tenía que tener la gente capaz de llevar semejante empresa adelante. Contar con una ideología definida y tener cierta aptitud pragmática deben haber sido rasgos imprescindibles. ¿A quiénes señalaría como especialmente dotados para cumplir con el sueño?

Es imprescindible nombrar a Mariano Moreno, Manuel Belgrano, Juan José Paso y Bernardo Monteagudo. Y a los hombres de la Logia Lautaro, empezando por José de San Martín. Todos ellos decidieron la vertebración ideológica de la Revolución de Mayo y de los sucesos posteriores. En éstos, no debe dejar de nombrarse a Manuel Dorrego, Domingo Faustino Sarmiento, Bartolomé Mitre, Juan Bautista Alberdi, Nicolás Avellaneda y todos los hombres de la Generación del 80. Cada uno, en su momento, tuvo una idea clara de lo que el país necesitaba y de lo que ellos podían y debían dar. Es obvio que no todos pensaban lo mismo, porque variaban los tiempos y los desafíos que se proponían eran diferentes. De modo que no podemos decir que la línea haya sido siempre homogénea. Pero hay algo que sí unifica a estos hombres: la conciencia muy clara de lo que el país les reclamaba.

¿Por qué Dorrego parece el político que tenía la línea más diferente de las de todos los que nombró?

Porque es el que claramente quería un país federal. Dorrego era quizás el único dirigente porteño que gozaba de la confianza de los caudillos de las provincias. Y, en consecuencia, podía haber sido el que tejiera algún tipo de urdimbre constitucional para dar cabida a las provincias y a quienes las lideraban, dentro de una organización que desde luego tendría que ser encabezada por Buenos Aires. Dorrego es un personaje atractivo: tuvo una juventud barullera, alborotada, al punto que San Martín no tuvo más remedio que destituirlo del Ejército del Norte. También había actuado en contra del Directorio de Juan Martín de Pueyrredón y lo habían desterrado unos años en los Estados Unidos. Sin embargo, había vuelto a Buenos Aires con un criterio bastante maduro de lo que debían ser la democracia y la organización federal. Las había palpado durante su exilio y quería transmitir su experiencia sobre el modelo. Lamentablemente, la revolución que encabezó Juan Lavalle frustró las propuestas de Dorrego, que acabó fusilado, sin poder llevar a la práctica sus ideas.

¿Cuántos otros sueños se frustran? Pienso en los hombres que usted nombró: muchos de ellos viven deseando y peleando por tener un texto que implique un acuerdo político básico y posible, una Constitución que siente las bases definitivas de un país, y se les va la vida en el intento.

A diferencia de Juan Manuel de Rosas, que negaba esa necesidad, una Constitución escrita significaba un marco legal indispensable para cualquier emprendimiento. Una Constitución establecería las funciones del gobierno nacional, el rol de las provincias, los derechos y garantías del ciudadano, los poderes del Estado, el reparto de las rentas aduaneras y un cierto esquema sobre los ideales fundamentales del país organizado. Esa Constitución que tantos tenían en mente debía incluso defender la apertura a la inmigración y la tolerancia en materia religiosa. En estos puntos, todos coincidían. Luego divergían en cuanto a las metodologías a seguir. Sarmiento, por ejemplo, fundaba su idea de engrandecimiento de la nación en educar al pueblo. Alberdi enfatizaba en abrir el país a la inversión y a la inmigración extranjeras.

¿Por qué Rosas estaba tan convencido de que no se necesitaba una Constitución?

Es curioso, pero realmente él pensaba que la Confederación podía seguir indefinidamente en ese status que él había logrado elaborar, con una Buenos Aires cuyo titular era casi una suerte de presidente de la Confederación y provincias con una gran adhesión política a este sistema, pero sin necesidad de una garantía escrita como era la Constitución. Eso está muy claro en la Carta de la Hacienda de Figueroa que fue escrita en diciembre de 1834, pero que Rosas reproduce, en la prensa que le es adicta, después de 1851, cuando Urquiza se pronuncia en contra de su poder. Es decir que el único argumento que tiene contra Urquiza es el mismo que había hilvanado casi veinte años atrás sobre la imposibilidad de reunir un congreso y sobre la necesidad de esperar que el tiempo fuera cerrando las cicatrices de la guerra. Este largo paréntesis que significó el gobierno de Rosas conspiró contra la posibilidad de concretar el sueño de la Constitución.

Pero sería injusto responsabilizarlo de todo a Rosas. También jugó en contra un problema que sigue vigente aún hoy, a fines del siglo XX: la gran diferencia económica entre Buenos Aires y el resto de las provincias. Para Buenos Aires resultaba insultante atarse, por medio de una Constitución, a esas provincias pobres, casi miserables, sin tradición política ni dirigentes prestigiosos, sumidas permanentemente en un agobio fiscal tremendo. Sin duda, era demasiado grande la diferencia que existía para que Buenos Aires se aviniera a vincularse con el resto de las provincias. Yo tengo la impresión de que lo que salva la integración nacional es el peso de la historia. La tradición histórica que decía que estos pueblos debían constituir una nación, que Buenos Aires sola no era una nación, ni que las provincias lo eran por su cuenta. Solamente Buenos Aires más las provincias, con la organización que inteligentemente pudieran darse, habrían de consolidar una nación con destino.

¿Qué acuerdo político o económico debió ocurrir para que Buenos Aires aceptara finalmente vincularse con las provincias?

En principio, hubo acuerdo sobre las aduanas: serían nacionales, como sus rentas, luego repartidas entre todas las provincias. Pero, repito, creo que no pesó tanto el arreglo económico como la tradición histórica argentina. Buenos Aires había estado nueve años separada del resto de la Confederación —de 1852 a 1861— y le había ido bien. Sus aduanas recaudaban fondos como para que el Estado porteño pudiera manejarse con solvencia, mantener una fuerza que lo defendiera, consolidar la prosperidad de la burguesía comercial, construir algunas obras públicas importantes. Sin embargo, se admite en el Pacto de San José de Flores, con algunas reformas que se hicieron después a la Constitución de 1853, que Buenos Aires integre la nueva unidad nacional. Fundamentalmente, nadie se atrevió a proponer una línea independiente para Buenos Aires. La idea de que la patria era una suerte de tradición pesaba en el espíritu de los dirigentes, aun de los más extremos.

Con muchas dificultades, finalmente se llega en 1853 a la redacción de esa armazón institucional que es la Constitución. ¿Qué otros episodios —qué otros sueños, si usted quiere— ayudaron a que esta nación terminara de construirse como tal?

El proyecto educativo de Sarmiento evidentemente articuló la nación en un momento muy especial de su formación. Le dio un carácter determinado, una preocupación por la que pelear todos juntos, y sirvió realmente para ir preparando al pueblo para poder elegir a su gobernante. Hasta ese momento, nuestro pueblo —que contaba, según las regiones, con un 70 o un 90% de analfabetos— parecía incapaz de poder tomar esta decisión, pero cuando se sancionó la ley 1420 de enseñanza obligatoria, se pone en marcha un proceso importantísimo de alfabetización y una notoria conciencia de la importancia de la educación como un instrumento para el progreso individual y social.

¿Realmente antes de Sarmiento nadie había pensado que la educación podía ser semejante herramienta de cambio?

No en forma demasiado explícita. Por supuesto, hubo quienes habían sentido antes preocupación por la educación, pero es probable que creyeran que otros asuntos eran prioritarios. Por ejemplo, cuando a Belgrano le dan un premio en metálico por la batalla de Tucumán, lo destina a la creación de dos escuelas. Esto formaba parte del pensamiento de los patriotas, pero de un pensamiento que supeditaba todo, antes que nada, a las prioridades que planteaba la guerra por la independencia.

Si uno intenta un repaso panorámico del proyecto de Sarmiento respecto de la educación, ¿cuáles son los pilares que debe mencionar?

Sarmiento sobre todo era un gran abanderado de la escuela primaria, o sea, de la escuela de base. Mitre, en cambio, había puesto el acento en los colegios nacionales, para ir formando a las clases dirigentes en las distintas provincias. Para Sarmiento —y su frase "educar al soberano" sintetiza magníficamente su pensamiento— era necesario que el pueblo aprendiera a leer y a escribir y que acopiara nociones elementales para poder formar una base homogénea y confiable sobre la cual se pudiera edificar la futura democracia. En ese sentido fue más explícito que Alberdi, que confiaba más en la inmigración, en los capitales extranjeros que vendrían y en la explotación de los recursos naturales. Sarmiento era, probablemente, más espiritual que Alberdi, más idealista. Pero ambos proyectos se fundían, sin dudas, en la gran idea de nación.

No sé si es un concepto falso o un lugar común, pero se suele repetir que la Generación del 80 le dio un perfil propio a este país, que fueron sus sueños y sus ideas las que sentaron las bases definitivas. ¿Fue así realmente?

No es un concepto falso ni un lugar común: es la realidad histórica, a la que sin embargo hay que tornar más precisa. Hay que revisar, en todo caso, si no hay una excesiva idealización de ese grupo. Primero, definamos su perfil. Más que una generación fue un equipo, no solamente de gobierno sino de opinión, porque no hizo falta que estos hombres tuvieran puestos en el Estado para que su influencia fuera decisiva. Formaban parte de la opinión pública, y la moldeaban, a través del periodismo, del Congreso, de los debates que se multiplicaban. Todo confluía en una unión muy sólida, porque todos pensaban lo mismo y porque ese pensamiento estaba instalando, definitivamente, una ideología de época. También en Europa reinaba este tipo de pensamiento. Después de los costos de la Revolución Industrial y después de revoluciones como la de 1848, nadie discutía que era necesario consolidar una nación por medio de la educación del pueblo. Los hombres del 80 tuvieron esto clarísimo: una nación se hacía con educación más apertura al mundo. Era imperioso por eso abrir las fronteras a los inmigrantes, a los capitales, a las ideas, a las mercaderías, hasta a las modas que venían de afuera.

Abrir la Argentina al mundo, a los inmigrantes, ¿implicaba no tener ningún prejuicio respecto de los que no eran nativos?

Hubo algunos prejuicios. Sarmiento mismo los tuvo, hasta con algunos puntillos de antisemitismo. Lo que ocurre es que la inmigración que soñaban esos hombres era más bien de tipo anglosajón y los que vinieron fueron poco anglosajones. Vinieron gallegos, italianos del sur, polacos, judíos, árabes. Este espectáculo imprevisto es el que irritaba a Sarmiento. No a Roca. Julio Argentino Roca instaló durante su primera presidencia una oficina en París para facilitar la inmigración de los judíos perseguidos en Rusia y en Polonia por los pogroms. Evidentemente fue muy amplio en ese sentido, no discriminó.

Cuando usted habla del leve antisemitismo de Sarmiento, ¿dónde lo encuentra? ¿En sus libros, en sus artículos periodísticos?

En los artículos. En esa época escribía en *El Censor* y ahí aparecen algunas frases desdeñosas sobre el aspecto de la gente de ese origen que venía, junto también con una constante de aprobación para la inmigración en general.

¿Cómo era la vida del inmigrante? ¿La integración resultaba fácil?

La integración no fue difícil, no hubo actos discriminatorios. La vida del inmigrante era en general muy dura, pero siempre menos dura que en sus países natales. Es obvio, porque si no no hubieran venido con la masividad con que lo hicieron, o se hubieran vuelto inmediatamente. El conventillo fue un gran taller de experimentación social y de fragua de distintas nacionalidades, credos y razas: y allí vivían mejor que en la aldea de Galicia o el pequeño *paese* italiano. Y sobre todo, había esperanzas de mejora y de ascenso social. En muchos casos se dio, en otros no, pero la diferencia era que en su país de origen no tenían esperanzas: todo iba a seguir igual siempre, tal como habían experimentado sus padres o sus abuelos.

¿El ascenso social es una experiencia masiva para la inmigración o lo logran muy pocos?

Creo que no se ha estudiado esto bien, todavía no hay porcentajes confiables y descuento que es difícil hacerlos. Pero fueron muchos los que triunfaron y muchos los que sin haber triunfado espectacularmente por lo menos lograron acceder a niveles de vida mucho mejores de los que tenían. Sobre todo, pudieron dar a sus hijos oportunidades que no habrían tenido nunca en sus países natales. Basta ver en los barrios de Buenos Aires esas casas de una planta que tienen un balcón en la azotea, como esperando el momento de construir otro piso. No se construyó, pero estaba abierta la posibilidad y la esperanza de hacer una casa más grande para albergar hijos, nueras, nietos...

Era entonces muy fuerte, y compartida por toda la clase dirigente, la idea de que la Argentina debía abrirse al mundo, incluidos inmigrantes y capitales. ¿Pero fue sencillo llevarla a la práctica? ¿A la Argentina le resultó fácil integrarse al mundo?

Fue fácil a través de su comercio, porque las exportaciones de la Argentina eran fácilmente colocables, ya que consistían en alimentos (cereales y carnes), muy necesarios para Europa. No había competencia con el tipo de productos que manufacturaban los países europeos y la entrada de las mercaderías argentinas fue casi providencial. Era además una época de amplio liberalismo en todo el mundo, sin barreras aduaneras ni sanitarias. De modo que la presencia argentina en los mercados europeos fue bien recibida desde el primer momento.

Estamos a fines del siglo XIX, con un país integrado al mundo, una nación con un aparato institucional armado, inmigrantes que vienen a trabajar, un modelo educativo que intenta dar la educación a todos... ¿Se puede llegar a decir que en la Argentina no se vive mal y que se concretó el país soñado?

En líneas generales sí, pero conflictos hubo.

¿De qué tipo?

Conflictos sociales que pasaron del siglo XIX al XX, sobre todo por condiciones de trabajo insatisfactorias. Las ideas socialistas y anarquistas y el concepto de lucha de clases se sobreimprimieron sobre la explotación que en muchos casos se hacía de los sectores obreros en la incipiente industria y de los campesinos en el interior.

¿Las ideas socialistas o anarquistas prendían porque había dónde prendieran?

Había motivo para eso, porque aunque yo diga, y creo que es cierto, que los inmigrantes vivían acá mucho mejor que en sus países natales, esto no quiere decir que vivían bien. Además, era notorio que otra gente vivía mucho mejor y que las diferencias eran serias. Los ricos hacían una vida dispendiosa y eran muchos los que habían consolidado su ascenso social sobre el trabajo de sus asalariados. La conciencia de los trabajadores se va despertando poco a poco y ahí sobrevienen conflictos de todo tipo.

¿Cómo se podría describir el modelo económico que funcionó en el siglo XIX?

No creo que sea correcto hablar de un solo modelo económico para todo el siglo XIX. Si nos restringimos a la época de la que estamos hablando —fines del XIX y principios del XX—, se trató de un liberalismo moderado. No fue un esquema de gobierno totalmente liberal, desde el momento que los gobernantes manejaron la moneda cuando hubo que manejarla y elevaron las tarifas aduaneras cuando lo consideraron necesario. Pero en general fue un modelo liberal, en el sentido de intentar que la fuerza del mercado actuara como factor de equilibrio. Sin embargo, el Estado conservó para sí, siempre, la condición de asegurar el valor de la moneda. No había asistencia social, por supuesto, ni sistema de jubilaciones o planes de salud, pero la moneda estaba garantizada en su valor, lo cual implicaba una red de protección para todos.

¿Qué significa "moneda garantizada"?

Que tenía siempre el mismo valor, que el Estado avalaba el cambio que regía desde 1896, con la caja de conversión, donde usted iba con x centavos oro y compraba x pesos.

¿Implica que son tiempos sin inflación?

Son tiempos sin inflación. Y esto significa una cosa mucho más importante: estaba garantizado también el anhelo de ahorrar. El ahorro tenía sentido, porque usted ahorraba 100 pesos este año y dentro de diez años podía comprar con los 100 pesos de hoy lo mismo. Y el ahorro, incluso el pequeño, fue muy importante, porque el inmigrante pudo así comprar un lote, hacerse la casita, mandar a los hijos a escuelas gratuitas, y luego quizás al colegio nacional o a la universidad. El ahorro es también, desgraciadamente, un tema que no se ha estudiado demasiado. Habría que investigar, por ejemplo, cómo fue el manejo de las cédulas hipotecarias, la gran inversión de la clase media y la clase baja. Las cédulas que emitía el Banco Hipotecario y que respaldaban las construcciones de viviendas con hipotecas eran una inversión muy atractiva porque daban un interés alto y absolutamente garantizado por el Estado.

¿Eso significaba dinero para construir y a la vez dinero que rendía?

Claro, rendía a su dueño. No era dinero que se metía en el colchón ni era especulativo. Fue una excelente idea del gobierno.

Usted señaló que el modelo respondía a un liberalismo moderado. ¿Era así porque ésa era la tendencia de los países más importantes del mundo, a los que la Argentina intentaba asimilarse, o porque aquí había un Estado que intentaba cuidarse del probable salvajismo de un liberalismo extremo?

31

No creo que a los dirigentes de entonces les preocupara mucho el salvajismo del capital, porque ya estaban acostumbrados a esos excesos. Sarmiento, cuando anda por Francia y por Inglaterra, ve perfectamente la miseria, la marginación y las desigualdades que existen, pero no cuestiona el sistema. Sólo señala que se trata de algo que se podría mejorar, al punto que lo juzga perfeccionado en los Estados Unidos. Sin embargo, en algún momento hay preocupación por los rasgos del modelo liberal. En 1874 se debate una política de protección a la industria, que no llega a concretarse, pero que genera un movimiento importante que lidera Vicente Fidel López, el mismo que más tarde va a ser ministro de Hacienda de Pellegrini y responsable de medidas que permiten establecer el equilibrio financiero, tarifas aduaneras más altas para productos suntuarios, impuestos internos, etc. Por eso digo que hay un liberalismo moderado, porque no tomaba al pie de la letra lo que estaba vigente en los países europeos en materia económica. Cuando la clase política vio que la situación requería ciertas medidas de fomento o de corte estatista, no dudó en llevarlas a la práctica.

En ese entonces Estado no era mala palabra.

No era mala palabra. Se confiaba en un Estado que resultaba bastante eficaz. No era un Estado hipertrofiado, ni demasiado grande. En realidad, más bien chico y con estructuras gratas para la gente. En las provincias, en general la presencia del Estado nacional se daba a través de instituciones que resultaban solidarias con sus habitantes. Pienso en los colegios nacionales, el Banco de la Nación, el Banco Hipotecario, las escuelas Láinez, que eran aquellas escuelas primarias que el Estado nacional prácticamente regalaba a las provincias de acuerdo con la norma constitucional de que los estados provinciales debían garantizar la educación primaria, pero como en algunos casos no tenían recursos para hacerlo, el Estado nacional las sostenía. A todo esto, sumémosle el juzgado federal, el regimiento militar, Obras Sanitarias —que incluso eran fuentes de empleo—. Es decir que la presencia del Estado nacional no era abrumadora sino útil y, por lo tanto, bien recibida.

Sin embargo, en algunos casos el Estado podía ser percibido como una amenaza. Pienso en episodios del Martín Fierro, por ejemplo, en los que la ley persigue al gaucho.

Claro, pero ése es el Estado chico, es el comisario del pueblo, el juez de paz, algún dirigente político menor. Pero nunca el Estado nacional, sino el provincial o municipal. La mayoría de la gente tenía la imagen de un Estado que en general protegía y que se ocupaba de aquello que le correspondía. Tender líneas de ferrocarril, por ejemplo.

¿Entraba dentro de la especulación de la gente que el Estado fuera corrupto?

No, la gente no lo imaginaba, simplemente porque el Estado no era corrupto. Es posible que no se hayan publicitado algunos hechos de corrupción, pocos, que realmente hubo. Cuando se fue extendiendo la línea de ferrocarriles es muy probable que haya habido presiones políticas para que fuera a tal lado y no a tal otro: el precio de los campos variaba notablemente y es impensable que no se haya querido influir sobre semejantes decisiones. Sin embargo, nunca hubo mayores denuncias, como no las hubo tampoco, o fueron muy superficiales, respecto de los repartos y ventas de tierras después de la Conquista del Desierto. Sarmiento denunció a Ataliva Roca, hermano del presidente, y otros más denunciaron que se hacía especulación con las tierras, pero no con la intención de denunciar que el Estado fuera corrupto, sino para marcar a los pocos que se aprovechaban.

No se percibía la corrupción como un hecho sistemático.

Exacto, pero es muy difícil que una nación, en un ascenso tan abrupto como el que lideró la Argentina en ese momento, no haya tenido algún rasgo de corrupción. En Estados Unidos en esa época la corrupción era tremenda. La política intervenía en todo: extensión de ferrocarriles, construcción de silos, extracción de petróleo y muchas cosas más.

Hasta aquí, parece que estamos hablando de un país que —aun con alguna proporción de conflicto social— ha ido desarrollando y cumpliendo las fases de un sueño colectivo. Un país que con más o menos conflictos igualmente viene desarrollando ese sueño inicial. ¿Cuándo ese sueño empieza a fisurarse? ¿Cuándo esas fisuras son más notorias para unas clases que para otras?

Las fisuras empiezan a mostrarse en varios frentes. Por ejemplo, para algunos escritores nacionalistas, como Manuel Gálvez o Ricardo Rojas, el país adolecía de un cosmopolitismo que había ido diluyendo su esencia nacional, que debía ser urgentemente restablecida, sobre todo a través de la educación y de la veneración de los símbolos patrios. Es entonces cuando asume Ramos Mejía en el Consejo Nacional de Educación e impone una serie de ritos y usos en las escuelas, precisamente para honrar los símbolos patrios. Es cuando también aparecen presiones para neutralizar las escuelas de las colectividades, que en algún momento habían llegado a tener más fuerza que las escuelas primarias organizadas por el Estado nacional o provincial. Esto por un lado. Por otro, está la acción de los socialistas y de los anarquistas —ya en aspecto extremo— en el sentido de cuestionar seriamente las condiciones de trabajo, notoriamente desventajosas para las clases más bajas. Ahí surgen las demandas de leyes que protejan al trabajador, que establezcan límites y reglas para su trabajo, junto con mejores salarios. De modo que los cuestionamientos surgen de varios lados. Son muchos los que empiezan a sentir que ese sueño de una nación para todos se ha quebrado. A estas insatisfacciones, el radicalismo agrega su propia pelea por la falta de libertad de sufragio.

¿Es el radicalismo el único partido que presiona por los derechos políticos o es un deseo general?

Hay otros partidos que lo proclaman, pero sólo por fórmula, nada más, porque son beneficiarios del estado de las cosas.

¿Los que tienen el poder?

Los que tienen el poder. Por eso el radicalismo es el único que tiene esa bandera y la agita coherentemente durante muchos años.

¿Qué razones se daban para que no hubiera sufragio universal?

No se daban razones; los que tenían el poder no decían: "No abrimos el sufragio porque todavía el pueblo no está preparado". Había diversos argumentos más o menos circunstanciales y nada más. En última instancia, no era más que el esquema de Alberdi: dejar pasar el tiempo hasta que el pueblo estuviera en condiciones de elegir a sus gobernantes.

¿Cómo se producían las elecciones antes de la ley de voto obligatorio, universal y secreto, promulgada en 1912?

Prácticamente las elecciones eran una superchería que consistía en actos formales, donde el caudillo de la sección venía con treinta libretas y se computaban treinta votos a favor de fulano o mengano.

¿Eso era tanto para elegir diputados como para elegir presidente?

Sí, para las elecciones en general. Había muchas elecciones porque no se unificaban como ahora. En un mismo año y en fechas distintas se podían elegir concejales, intendentes y diputados. El calendario electoral era bastante nutrido en esa época, pero la gente mostraba total indiferencia.

¿Había padrones?

No había un padrón único, sino un registro electoral donde se anotaba el que quería. Y los que querían prácticamente eran los punteros, como diríamos hoy, el aparato político dependiente de los caudillos.

¿Así se eligió a Roca por ejemplo? ¿Todos los presidentes se elegían así?

Prácticamente.

¿Hay alguna idea de qué porcentaje de la población votaba?

36

Muy pequeña. En *Soy Roca* cuento que en una oportunidad, Roca presidió un comicio en su barrio y le dio vergüenza. Nada se controlaba, los caudillos llegaban con veinte libretas... todo era una farsa.

¿Igualmente había escrutinio?

Sí, había escrutinio, se establecía en el acta quién ganaba y chau...

Con semejante herramienta en la mano, ¿qué ocurrió para que el partido en el poder tuviera que acceder finalmente a otorgar algo tan fundamental como el derecho político del voto?

Yo creo que no se dieron cuenta. Porque en los debates sobre la ley Sáenz Peña casi no se habla de lo que podría haberse presentado como un gran acto de generosidad de la clase dominante. Ellos podrían haber dicho "nosotros hemos hecho el país: nosotros hemos convertido este país anarquizado, sangriento, pobre, en lo que es ahora: un país formidable, con un sistema educativo de primera línea, transporte ferroviario por todos lados, exportaciones; nosotros generosamente estamos abriendo los comicios para que el pueblo ratifique esta especie de mandato que implícitamente teníamos". Pero no se dijo nada de eso: se discutió sobre las formas, si la minoría debía ser proporcional, si el voto debía ser garantizado por los fiscales o no. Creo que tuvieron una visión muy pequeña. De todos modos, nadie podía ignorar que la fórmula que se amasaba en la Argentina —inmigración masiva, más educación masiva— en una generación iba a terminar estableciendo, irreversiblemente, este tipo de sistema político.

¿El radicalismo supo capitalizar para sí este progreso?

Absolutamente, porque el radicalismo, como dije, había sido el abanderado de esto y la gente que votaba no podía ignorar que había ganado este derecho gracias a la lucha radical. De modo que inmediatamente los radicales triunfaron en la primera elección posterior a la ley Sáenz Peña en Santa Fe, que era un fuerte bastión conservador. Una semana después de esta lucha electoral —que fue una campaña tremenda—, hubo elecciones en la Capital y también triunfaron el radicalismo y el socialismo, con gran asombro de la opinión pública, de los sectores independientes y por supuesto de las clases altas. A partir de 1912 entonces, el radicalismo se convirtió en una fuerza arrolladora.

Es asombrosa esa dificultad de la clase política que había hecho el país para intuir el cambio político que se avecinaba.

Y también es incomprensible que no hayan podido formar un partido político que le hiciera contrapunto al radicalismo que crecía. Esto lo empezaron a advertir después de la ley Sáenz Peña hombres como Miguel Ángel Cárcano, Julito Roca, Lisandro De la Torre y Victorino De la Plaza, que reemplazó a Sáenz Peña como presidente. Todos ellos se dieron cuenta de la necesidad de crear un gran partido, que fuera conservador moderado. Pero fracasaron por las luchas internas, porque Marcelino Ugarte, gobernador de Buenos Aires, quería prevalecer sobre otros líderes. De la Torre quería hacer un partido nuevo, pero recolectó a todos los viejos gobernadores del régimen y entonces lo que debía ser la estructura de un partido nuevo, que se llamó Partido Demócrata Progresista, capotó.

¿El radicalismo gana esa primera elección en Santa Fe de manera moderada o arrasa?

Gana moderadamente, pero gana.

Realmente, éste es un laboratorio político inaugural interesantísimo.

Hay que leer el libro de Ricardo Caballero que se llama *Yrigoyen y la revolución de 1905*. Él cuenta lo que fue esa campaña de Santa Fe: es impresionante ver el interés de los dirigentes radicales en esa campaña, que ponían toda su fortuna al servicio del partido, como hizo el propio Hipólito Yrigoyen. Eran conscientes de que ahí se jugaban todo. Si perdían, esa reivindicación que habían agitado durante tanto tiempo ya no tendría sentido. Ganaron y así se empezó a modificar todo el mapa político de la Argentina.

Si seguimos en este rastreo de los sueños de la gente y de los momentos en que la historia parece cumplirlos, debiéramos hablar del que usted señaló en tercer término, el de la justicia social. El concepto está claramente unido al surgimiento del peronismo en el siglo XX. Sin embargo, ¿podemos encontrar antecedentes de reclamos por situaciones más equitativas y de mejores repartos?

Las clases dirigentes, por lo menos las que cierran el siglo XIX y abren el XX, pensaban que las leyes del mercado iban a corregir eventuales desequilibrios, por lo que no estuvieron demasiado atentas a reclamos ni intentaron reparar nada. Los que plantearon el tema fueron los socialistas y los anarquistas, desde principios del XX. Ya antes había habido esporádicas expresiones de descontento, gérmenes de huelgas, pero, orgánicamente, yo diría que fue a fines del siglo XIX cuando se plantearon reivindicaciones muy concretas. Los anarquistas, la abolición del Estado, por supuesto, y la construcción de una sociedad sin clases. Los socialistas, más pragmáticos, plantearon algunas reivindicaciones concretas como la jornada laboral de ocho horas, el descanso dominical, la protección del trabajo de las mujeres y los niños, etcétera.

¿Todas estas ideas llegaban de Europa o surgían aquí?

En general, era un ideario que venía de Europa, donde había partidos socialistas importantes, como el francés o el alemán, que planteaban todo tipo de mejoras para la clase obrera. Hay que recordar que en Europa los trabajadores habían logrado una sustancial mejora en sus condiciones de vida: se vestían mejor, leían más, trabajaban relativamente menos y se alimentaban mejor que sus padres o sus abuelos. Eso no los apartaba de otros reclamos, que casi siempre eran justos. Aquí llegaban noticias de esta situación y se descontaba que nada se conseguía sin luchar. Las clases dirigentes, por su parte, empezaban tibiamente a preocuparse por las condiciones de trabajo de los obreros. En 1904, el presidente Roca encargó al especialista catalán Juan Bialet Massé un informe sobre el estado de la clase obrera, que fue completado en tiempo récord. Bialet recorrió el interior de la Argentina y escribió un informe muy esclarecedor sobre la forma en que se trabajaba en los obrajes, en los ingenios azucareros, en las manufacturas de todo tipo, y proponía una serie de reformas que en conjunto se conocería como el Código del Trabajo, que fue enviado al Congreso pero nunca alcanzó a ser tratado.

¿Qué panorama pinta Bialet Massé? ¿De explotación en todo el interior?

No totalmente desesperante, pero de explotación y de desprotección muy grande de las clases trabajadoras. Entonces, él sugería arbitrajes entre obreros y empleadores y diversas leyes de protección. Pero, como digo, estos avances no llegaron a ser tratados en el Congreso hasta que ingresan en él los socialistas, que promueven algunas leyes en este sentido. En la década del '30 estas leyes estaban en vigencia y habían producido una mejora sustancial en las condiciones de trabajo del proletariado. Había una CGT que se había formado en 1930 y, aunque no era demasiado importante, de todos modos aspiraba a representar a la clase trabajadora. Es obvio que había una conciencia de que algo tenía que hacerse con la situación de injusticia y de desamparo que existía todavía en muchos sectores de trabajadores. Incluso grupos católicos se encontraban para hablar del tema.

En esto algo tenía que ver la imagen que se tenía de las realizaciones de tipo social del nazismo y del fascismo, que aunque habían sido muy infladas por sus partidarios, habían implicado algún avance. En Alemania, por ejemplo, se había terminado con la desocupación y en Italia habían concluido las huelgas y los malestares sociales en los principios de la década del '20. En la Argentina coexistía esta conciencia de necesidad de justicia social con bolsones de subdesarrollo y de gran atraso en las condiciones de vida del proletariado.

¿Cuando usted dice que existía conciencia es porque, por ejemplo, en alguna campaña política alguien prometía resolver esas situaciones de inequidad?

Sí, había voceros, como el diputado socialista Alfredo Palacios, que seguían batiendo el parche sobre este tema, y algunos dirigentes radicales esclarecidos como Leopoldo Bard... La idea flotaba en el ambiente. Pero la Argentina había superado exitosamente la crisis del '30, y como hacia 1935 había plena ocupación y las ruedas de la economía marchaban bien —sobre todo a partir de la Segunda Guerra Mundial, cuando hubo que sustituir importaciones y se improvisaron fábricas, talleres y telares—, el debate por la justicia social se iba postergando.

Queda en suspenso, precisamente, hasta que aparece Juan Domingo Perón, en la Secretaría de Trabajo, en noviembre de 1943. El entonces coronel empieza allí a hacer una activa campaña que se basaba sobre todo en la sanción de decretos que establecían estatutos especiales para ciertos trabajadores y ciertos gremios. Proponía también la creación de sindicatos de obreros que no estaban sindicados y la liquidación de los opositores. Y no descuidó los incentivos de tipo salarial. En muchos aspectos, esta política fue, si se quiere, redundante, porque, por ejemplo, el Estatuto del Peón —sancionado a instancias de Perón— establecía mejoras que en muchos casos ya habían sido acordadas a los trabajadores.

¿Pero se aplicaban?

Claro, ésa es la cosa. La creación de delegaciones de la Secretaría de Trabajo hizo que la aplicación de estas normas fuera obligatoria. Se estimuló además en la conciencia de los trabajadores la posibilidad de denunciar a los patrones que incurrían en abusos. Otras banderas de Perón —que en realidad no alcanzó a sancionar él, porque fue desplazado de la Secretaría de Trabajo— fueron el aguinaldo, las vacaciones pagas y la creación de una justicia del trabajo, en donde se invocaría el principio del *favor operaii*, es decir, de la razón del obrero como idea prioritaria. El obrero podía no tener razón pero igualmente litigaba, y quizás su suerte cambiaba.

¿Algo así como el principio legal in dubbio pro reo *(ante la duda, a favor del reo, del menos favorecido)?*

Exactamente. De modo que yo diría que aunque la acción de Perón en materia de justicia social fue bastante parcial, tuvo inmediatamente una gran receptividad en los trabajadores, que tomaron estas banderas como propias. Ya en el gobierno constitucional de Perón, estos decretos aislados se van coordinando y ampliando, se establecen el sistema de jubilaciones y las obras sociales, las vacaciones son organizadas con la asistencia de los sindicatos, etcétera. De modo que esos últimos años de la década del '40 fueron de una justicia social operativa, que realmente funcionaba.

Lo que ocurre es que Perón no supo crear la infraestructura necesaria para que esos principios de justicia social resultaran permanentes. Todas esas medidas tenían un costo económico importante y no se previó un sostén sólido para mantenerlas en el tiempo. La justicia social era cara y no se supo cómo financiarla. En consecuencia, mucho tiempo después de Perón permanecen las ideas, el deseo y la necesidad de que la justicia social sea efectiva. Pero los gobiernos no saben cómo costearla. Lo vemos hoy mismo, en las evidencias de la desocupación, la marginalidad, la falta de protección al desempleado. Pero, de todas maneras, el principio de la justicia social caló muy hondo en la sociedad argentina. Es, estoy seguro, uno de los elementos clave de la tabla de valores sobre los que esta sociedad se articula.

¿Quién acuñó la expresión "justicia social"? ¿Perón? ¿Los socialistas?

No, venía del Papa León XIII, de sus encíclicas sociales. Creo que es un término acuñado por los católicos, y que incluso fue usado durante el fascismo y en los tiempos iniciales del franquismo. Franco, es oportuno señalarlo, tuvo también una política social, aunque más declamatoria que real.

En cuanto a los reclamos de justicia social previos al peronismo, ¿cuáles fueron los más contundentes?

Tradicionalmente se marca la Semana Trágica, en 1919, como el momento más difícil, por la dureza de los reclamos, la forma en que fueron reprimidos y los elementos ideológicos que la contaminaron, provenientes de la revolución bolchevique. La represión fue realmente muy fuerte, no tanto la estrictamente policial —el presidente Yrigoyen trató de que no fuera demasiado severa— sino la de los grupos armados de las clases altas que se dedicaron a hacer pogroms, es decir, persecuciones en los barrios judíos, ya que atribuían a los judíos una sintonía con los comunistas soviéticos. Fue un momento grave, dramático, porque Buenos Aires quedó sin transporte, sin diarios y con dificultad de abastecimiento durante varios días, hasta que el orden fue volviendo poco a poco.

Hubo otras huelgas muy importantes: en 1910, en 1914 (un intenso reclamo ferroviario que se repitió en 1916) y el famoso levantamiento agrario de 1914 que se conoce como el Grito de Alcorta. Durante la época de Alvear hubo también huelgas importantes, a pesar de que el estereotipo pinta su presidencia como muy pacífica. Y en los años '30, la huelga de la construcción fue muy seria por dos razones: primero, porque mostró la combatividad del gremio de la construcción y segundo, porque también puso en evidencia que la crisis mundial ya había pasado. Las grandes huelgas no se hacen en época de crisis: los obreros se encuentran temerosos de perder su trabajo.

¿Es verdad lo que dice Marx: el proletariado se anima a reclamar cuando las condiciones de trabajo no son las peores?

Es más o menos así: se reclama cuando las condiciones son al menos tolerables y cuando hay posibilidades de organizarse. Perón también tuvo que soportar huelgas. En 1948 y 1949 hubo huelgas importantes: una de los trabajadores de limpieza en Buenos Aires, por la que tuvo que mandar al ejército para que recogiera la basura, y una de diarios que duró dos meses. En 1951 sufrió una huelga ferroviaria con fuertes connotaciones políticas. Evita misma debió andar por las estaciones incitando a volver al trabajo y no tuvo éxito.

¿En el siglo XIX no hay huelgas?

En la Argentina sí, hubo huelgas, pero pequeñas, de gremios muy acotados. El gremio de tipógrafos, por ejemplo, el de mozos de restaurante y los inquilinos de conventillos llevaron adelante reclamos, sin una gran repercusión, porque obviamente la clase obrera todavía no estaba organizada como tal. Y porque la industria misma tampoco tenía bases muy sólidas.

Volvamos entonces a ese mundo del '45, en el que la justicia social aparece como un deseo posible. Hay una relación de fuerzas que favorece a Perón; de hecho, el pueblo lo vota. ¿Qué herramientas utiliza Perón para hacer concreto ese anhelo de justicia social?

Hace cosas muy concretas. En principio, alienta la creación de sindicatos aguerridos, protegidos —incluso subsidiados— por el gobierno. Sindicatos que de pronto construyen locales importantes como sede y tienen campos de deportes y hoteles en lugares de veraneo. Éstas son herramientas bien concretas, palpables. La organización de la justicia del trabajo incrementa sin duda la litigiosidad, pero mejora las condiciones de trabajo de la clase obrera. Hay que reconocer que se disparó una especie de "industria del despido" que el mismo Perón intentó desmontar en 1955 en el Congreso de la Productividad, muy poco antes de ser derrocado. Y, sobre todo, se fomentó la conciencia de la dignidad del trabajo que fueron cobrando los obreros en la Argentina, es decir, la conciencia de que debían ser respetados, de que el capataz no tenía derecho de maltratarlos, de que el patrón podía ser enfrentado ante una injusticia; en fin, la conciencia de que el trabajador era un ser humano y como tal gozaba de derechos que no podían ser avasallados fácilmente. Ésta fue, me parece, la gran diferencia con la época del '30, donde indudablemente la figura del patrón omnímodo, incuestionable, tenía un peso decisivo.

Si nos permitimos forzar la metáfora con la que estamos releyendo la historia argentina, ¿por qué lo que fue un sueño para muchos, el de la justicia social, fue también una pesadilla para muchos, quizás para la otra mitad del país?

Porque, como le dije antes, la justicia social tenía sus costos, que eran pagados por las clases medias y altas, e incluso por muchos trabajadores también. Los costos podían medirse asimismo en valores no estrictamente económicos, como la discriminación, por ejemplo. Muchos trabajadores no peronistas sufrían distintos tipos de acoso, como sus propios sindicatos. Fue el caso, en 1951, de La Fraternidad, el gremio ferroviario. El relajamiento de la disciplina en el trabajo, o directamente su ausencia, fue un factor perturbador para muchos empresarios. Por último, no hay que olvidar que el gobierno de Perón abundó en medidas que afectaron a diversos sectores, cuyos intereses debían ser respetados porque eran muy legítimos. Recordemos apenas un caso: el congelamiento de la ley de alquileres. Para quienes tenían una casita como único bien y buscaban que el alquiler fuera una mínima renta que les ayudara a sostenerse, la decisión del gobierno resultó muy perjudicial. Otro daño serio fue el causado a los chacareros, a quienes el Estado les compraba su producción por precios mínimos y la vendía en el exterior, obteniendo una gran diferencia. Estos sectores, dejando de lado todo aspecto ideológico, se vieron afectados en intereses totalmente legítimos. Todo esto, sin mencionar los recortes a las libertades individuales y políticas, que fueron sin duda erosionando al gobierno de Perón y nutriendo a su oposición.

¿Qué pensaba Perón realmente? ¿Es un político que pone en práctica ideas que responden a su propia ideología y a su forma de ver el mundo, o recibe influencias de otros?

Es muy difícil decirlo. Habría que haber podido estar dentro de esa cabeza para descifrar el enigma. Perón era fundamentalmente un oportunista. Si prefiere una palabra menos fuerte, un pragmático. Sin duda, recibió una cantidad de influencias y las puso en práctica en un momento en que el país podía darse el lujo de instalar un sistema populista y distributivo: la clase obrera nunca recibió un porcentaje tan alto del producto bruto interno como durante el primer gobierno de Perón. Pero él sabía también, o mejor dicho, en algún momento se dio cuenta, que esto no podía durar. A la altura de 1953, percibe que su modelo económico está haciendo agua. Ya se había rectificado en 1949, cuando destituyó a Miguel Miranda y lo reemplazó por un equipo más profesional.

Pero en el '54, los problemas se agravan. Había un pequeño rebrote de inflación, lo que en un país acostumbrado a no tenerla resultaba alarmante; había bajado catastróficamente la producción agropecuaria que era la gran fuente de divisas de la Argentina; eran muy altos los costos de importación de petróleo y de otros productos que no se fabricaban aquí pero que eran indispensables; y lo que se había conocido como marcas de justicia social no contribuía a hacer más sólido el andamiaje económico. Por el contrario, las vacaciones pagas, los días de tal o cual gremio, las indemnizaciones por despido —que eran realmente muy fuertes—, la imposibilidad de echar a chacareros bajo el régimen de arrendamiento por el que se quedaban años y años sin aplicar mejoras, etcétera, alarmaron evidentemente a Perón. Y, aun más que a Perón, a sus asesores económicos.

Ahí es cuando el gobierno empieza a echar mano de los fondos de las recién nacidas cajas de jubilación, que por ser recién nacidas, tenían mucha plata: todavía no habían distribuido demasiado. Se inaugura entonces la costumbre espantosa de que el gobierno puede arrebatar, con cualquier excusa, los fondos de las cajas, lo que las hace muy vulnerables y reticentes para ofrecer los beneficios que debían dar. Éste es el motivo de la sanción de la ley de capitales extranjeros, de las negociaciones para que se instalen compañías petroleras que exploten el combustible de la Patagonia y, también, de la convocatoria del Congreso de la Productividad. Congreso que fue muy importante, desde el punto de vista ideológico, porque marca un punto de inflexión en la política de la justicia social de Perón; allí se dan directivas muy concretas a los jueces de trabajo para que en sus sentencias no fueran tan liberales ni benefactores con los obreros. Luego de esto, estoy seguro, venían más y más duras rectificaciones de la política social. Pero el Congreso tuvo lugar en marzo y el derrocamiento de Perón ocurrió en setiembre. Por lo tanto, Perón no tuvo tiempo de implementar el cambio de rumbo. Como siempre, el tiempo le jugó una buena pasada.

En conclusión, se debe tener en claro que esta ilusión de justicia social se materializó durante algunos años: adultos y chicos que no habían visto jamás el mar pudieron tomarse vacaciones; los obreros podían acceder a mejores bienes; había ayudas, como las de la Fundación Eva Perón, que realmente hacían más fácil —y más feliz— la vida de la gente. Insisto en que no se había instrumentado la forma en que esto perdurara, pero más allá de sus limitaciones, esta ilusión, este sueño, se instaló para siempre en la vida de los argentinos.

Me pregunto si esa ilusión intensa puede ser generada por un sueño económico. Hay frases de una contundencia impresionante: la de Carlos Pellegrini, por ejemplo, que sostenía que "sin industria no hay nación". ¿Ésos fueron sueños sólo de la clase dirigente o prendieron también en la gente?

Pellegrini fue bastante atípico en este sentido, porque la clase a la que él pertenecía no veía, en general, la necesidad de promover una industria nacional. El país funcionaba bien con sus magníficas cosechas, sus voluminosas producciones de carne y todo lo que eso significaba en ingresos oro. Con esas materias primas, el gobierno podía hacer obras y mantener los servicios públicos. Siempre hubo voces dentro de las clases dirigentes que prevenían sobre el riesgo de armar industrias vulnerables, que fueran exitosas en un breve momento según las condiciones del contexto internacional, pero que luego fracasarían. Federico Pinedo, conservador, y Eduardo Laurencena, radical, fueron voces que representaron este criterio en la etapa de la Segunda Guerra.

Sin embargo, en 1874 se había hecho un gran debate sobre la posible industrialización del país: por entonces se trenzaron Vicente Fidel López, Carlos Pellegrini y otros, en el ámbito de la Legislatura de la provincia de Buenos Aires. Ahí se dijeron cosas muy audaces, como que la Argentina no podía depender de las lluvias o del tiempo, y por lo tanto se necesitaba una industria nacional para consolidar la economía. Pellegrini dio un día un golpe de efecto en medio de las discusiones: apareció vestido de pies a cabeza con indumentaria fabricada en el país, lo cual era una extravagancia para la época. Ese espíritu industrialista que arrancó a fines del siglo XIX fue apoyado en el XX por algunos militares, como los generales Enrique Mosconi y Manuel Savio, a los que les preocupaba la indefensión de la Argentina por no tener determinadas industrias como la industria pesada, la de armamentos, la de explosivos o la petrolera. Fueron ellos mismos los que impulsaron estas iniciativas importantes, en los años '30 y '40.

¿Cuál fue el papel del presidente Arturo Frondizi en estos impulsos industrialistas?

Diría que el suyo fue el impulso más enérgico. Después, por inercia, algunas industrias siguieron desarrollándose, con mayor o menor protección del Estado. No es alentador en este sentido nuestro panorama de fin de siglo. La globalización está liquidando la industria nacional —justo es reconocer que varios planes económicos autóctonos habían hecho lo suyo antes— y está poniendo en evidencia un fenómeno que ya existía, pero que no era demasiado visible: la ausencia de una burguesía nacional, capaz de llevar adelante el gran proyecto de una industria propia.

El mismo Perón debe haber sentido esa carencia, cuando quiso montar una industria, liviana, pero industria al fin. En los últimos años, los propietarios de industrias en la Argentina no han peleado: han vendido sus empresas sin intentar competir, ni mejorar. Eso demuestra, lamentablemente, que la proclamada burguesía industrial argentina no existió nunca, por lo menos con la fuerza y la conciencia imprescindibles para adaptarse a los nuevos tiempos y jugar un papel clave en el crecimiento del país.

Como usted señaló al principio, la recuperación de la democracia, en 1983, aparece como el gran sueño colectivo de los argentinos, como el momento en que se creyó que muchas pesadillas terminaban —la de la represión del Estado y la destrucción de la economía, por ejemplo— y que los ciudadanos volvían a ser protagonistas de la historia. Sin embargo, hay también una interpretación escéptica o cruel de esa recuperación. Hay quienes sostienen que nuestra democratización es, en realidad, un resultado de la guerra de Malvinas y de la acción de los ingleses, que tras vencer a la dictadura argentina la obligaron a su repliegue del poder. Semejante análisis, creo, implica una fuerte descalificación de los partidos políticos de entonces. ¿Qué piensa usted de la forma en que llegamos a ese sueño de democracia para siempre?

La democracia es el sistema que está más en sintonía con la sociedad argentina. La nuestra es una sociedad que no está hecha para las autocracias, ni para las dictaduras, ni para el sistema corporativo, ni para los autoritarismos. Siempre se ha resistido a cualquiera de esos esquemas. Aun en tiempos de Perón, había una mitad del país que estaba en contra de su gobierno, y no porque estuviera en contra de su política económica, sino porque no toleraba sus métodos autoritarios. De modo que, estoy convencido, la recuperación de la democracia no fue sino la larga y dura tarea de desbrozar las dificultades que habían impedido, hasta ese momento, acceder a ella.

Pero si lo pensamos bien, desde nuestros principios, desde 1810, el tema del origen de la autoridad como emanada desde el pueblo se planteó casi obsesivamente, y aunque no se haya puesto en marcha de inmediato sino que demoró más de un siglo, existía y pesaba como uno de los principios básicos. Así que, si bien es cierto que el resultado de la guerra de Malvinas aceleró la transición a la democracia, no cabía otra posibilidad. No podía perpetuarse semejante sistema autoritario, sobre todo pasados los primeros años de represión y de lucha contra la guerrilla. Era antinatural para esta sociedad.

De la misma manera que el argentino parece tender a la democracia, ¿usted cree que está siempre dispuesto a defenderla?

¡Ah, ésa es la cosa! Yo creo que el gran defecto que tenemos es que pensamos que la democracia está andando por sus canales naturales y que debe defenderse sola. Y no es así. La democracia tiene que ser enriquecida, revitalizada, fortalecida, controlada permanentemente. Por supuesto, este fortalecimiento debe ser asistido a través de organismos de control de las instituciones y a través de una participación cada vez más comprometida de cada uno de los ciudadanos. Es una pena, realmente, pero los argentinos creemos que la democracia no necesita de nuestro cuidado. No nos damos cuenta de que, como a una planta, debemos regarla para que no se transforme en un organismo estéril, que funciona, pero que no provoca ningún entusiasmo.

¿Qué sueño hubiera soñado usted para la historia argentina?

Yo creo que hubo un momento de verdadera encrucijada, donde fallamos y elegimos el camino equivocado. Fue en los comienzos de los años '40. La gran falla no fue culpa del presidente Roberto Ortiz, sino del contexto que lo rodeó. Al enfermarse y morir, Ortiz no pudo llevar a cabo su plan de saneamiento institucional: él quería volver a una democracia plena y terminar con los fraudes. Si eso hubiera pasado, su sucesor habría sido un independiente o un radical moderado, quizás hasta con apoyo de algunas fuerzas del conservadurismo. Habríamos tenido un país con desarrollo probablemente más lento, pero más perdurable y mucho más sólido. Nos hubiéramos ahorrado a Perón, las intervenciones de las Fuerzas Armadas, los gobiernos de facto que vinieron después, las zozobras institucionales en las que se nos fue buena parte de nuestra vida.

LOS MOTORES

*A mí me gustaría convocar ahora sus preferencias
más entrañables, sin importarnos si tienen alguna cuo-
ta de arbitrariedad. En definitiva, de eso se trata elegir, ¿no es cierto? Comprometerse con sus decisiones.
Piense en los hombres que actuaron como motores de la
historia argentina, en aquellos que se pusieron sobre la
espalda las decisiones más complejas y cargaron con
ellas. ¿A quiénes prefiere?*

Al hablar de motores tenemos que hacer una distinción, porque no solamente los hombres, individualmente, actúan como promotores de movimientos, sino
también la opinión pública. La opinión pública es algo
muy lábil, difícil de definir y que sólo se consolida en
sociedades donde se dan determinadas condiciones.
Una clase burguesa, por ejemplo, que pueda tener el
tiempo y la curiosidad intelectual como para intervenir en las cosas que afectan a la sociedad misma. Una
cierta libertad de expresión, como para que esas curio-
sidades se traduzcan en opiniones, y un sistema político que permita que determinadas actitudes o creencias
de la opinión pública se expresen políticamente en una
representación adecuada. Esto, por supuesto, no pasó
en la Argentina hasta muchos años después de la Revolución de Mayo. Sin embargo, la forma de expresión
de esa opinión pública que todavía era inexistente se

dio de manera tumultuosa en algunas oportunidades. Por ejemplo, el 5 y 6 de abril de 1811. No importa la espontaneidad que haya tenido o no ese movimiento, significó el apoyo de muchos actores anónimos, habitantes de los suburbios de Buenos Aires, que en un momento dado avalaron a Saavedra en contra del morenismo. Moreno ya no estaba en el gobierno, pero su línea se seguía expresando, en una incipiente muestra de lo que aludimos como opinión pública.

De todas maneras, es indudable que la aparición de ciertos hombres motoriza algunos procesos. No voy a caer en los abusos conceptuales de escritores como Thomas Carlyle, que daba a los héroes prácticamente la totalidad de la responsabilidad de la historia, pero, sin embargo, hay ciertas personalidades que indudablemente representaron algo decisivo en un momento dado y ese algo tuvo una traducción inmediata en los hechos.

El primero para mí es Santiago de Liniers. Es el hombre que siendo extranjero en el Río de la Plata, sin embargo, tiene la iniciativa de organizar un movimiento de resistencia contra la invasión inglesa, tanto en 1806 como en 1807. Logra movilizar a los sectores populares y convertir a una ciudad de tenderos y comerciantes en una ciudad que se arma y se prepara para la lucha y triunfa. Y además es el hombre que en 1806 protagoniza un hecho insólito dentro de los dominios españoles en América: es llevado por el pueblo a reemplazar parcialmente al virrey, es decir que de algún modo se destituye al representante del rey y se lo reemplaza por un hombre como Liniers, que había sabido granjearse la confianza y la lealtad del pueblo.

¿Qué cargo ocupa Liniers?

El más alto cargo militar. En realidad, Liniers no desplaza totalmente al virrey Sobremonte, sino que es la Audiencia la que adopta la iniciativa por la presión popular, separa a Sobremonte de su cargo y nombra a Liniers capitán general. Es decir que no le otorga el lugar del virrey, pero prácticamente le saca al representante del rey las atribuciones militares, que en ese momento, sin duda, eran las más importantes.

La primera vez que hay un golpe de mano en el poder en la historia argentina y el elegido es un militar. ¿No suena premonitorio, a juzgar por tantos otros golpes en nuestra historia?

No, no me parece que nos convenga interpretar que es algo premonitorio o la marca de una tendencia. Lo que ocurre es que, en ese momento, el tema principal, en medio de las Invasiones Inglesas, era el militar. Cómo echar a los ingleses, cómo reconquistar la ciudad... Entonces, evidentemente el hombre indicado debía ser un militar. Liniers era un marino en realidad, pero tenía experiencia militar. Creo, en definitiva, que un hombre así motoriza sobre todo la conciencia en Buenos Aires acerca de que España no había ayudado militarmente a la ciudad porteña en semejante coyuntura. España había permanecido ajena tanto a la invasión como a su rechazo. Y esto se agrega a la convicción que ya campeaba en la sociedad de Buenos Aires en el sentido de que España, comercialmente hablando, significaba una traba, una restricción al posible libre comercio. Sumémosle también la certeza de que España padecía un problema dinástico del cual tenían que escapar los rioplatenses: la sustitución de los reyes borbones por Napoleón Bonaparte y la ocupación del territorio español. Esas tres causas, en forma muy esquemática, son las que provocan el movimiento de masas de 1806. Paradójicamente, como sabemos, Liniers fue luego una de las primeras víctimas de la

Revolución de Mayo. Él, que había ido promoviendo la conciencia de que era necesario un cambio radical en estas tierras.

¿Por qué eliminan a Liniers? ¿Era imposible que su ideología pudiera convivir con la de los hombres de Mayo?

A Santiago de Liniers lo reemplazan finalmente desde España por el virrey Cisneros. Había desconfianza con Liniers, porque siendo francés se suponía que podía llegar a pactar o al menos negociar con Napoleón Bonaparte. Pero, de todos modos, él entrega el poder a Cisneros sin ningún tipo de objeción y se retira a Córdoba, donde compra un campo y se dispone a dedicarse a las labores rurales. Cuando llegan las noticias de los sucesos de Mayo de 1810, su realismo —su legalismo, su legitimismo podríamos decir— lo induce a encabezar una desgraciada contrarrevolución que no tuvo posibilidades, ya que ni siquiera alcanzó a organizar una fuerza que pudiera respaldarlo. De modo que no es que los hombres de Mayo se lo hayan sacado de encima, sino que Liniers mismo fue el que reaccionó contra la Revolución. Lo que sí se puede discutir es lo que ocurrió con él: si era necesario o no fusilarlo. Sin pretender justificar el fusilamiento de él y sus compañeros, hay que pensar que el movimiento de Mayo nació muy vulnerable en todo sentido y que era imperioso mostrar que se trataba de un régimen nuevo, fuerte, implacable con sus enemigos. Es posible también que en el pensamiento de los hombres de la Junta campeara la idea de que era necesario comprometerse con la Revolución de una manera radical. La sangre de estos hombres pesaba no solamente sobre la conciencia, sino sobre el destino de cualquiera de ellos. Si llegaban a perder, evidentemente, la suerte que les esperaba sería igual a la de Liniers y sus compañeros, de modo que sabían que había que comprometer todo para que el movimiento triunfara.

Liniers es un personaje que ha dado pie, en cuanto a su vida privada, a historias muy atractivas. Pienso en el libro de Enrique Molina sobre Camila O'Gorman o en la reciente novela de Luisa Miguens, Ana y el Virrey. En ambos, Liniers aparece como un gran seductor, amante de otra mujer fascinante como Anita Perichon de Vandeuil (casada y separada de Tomás O'Gorman). ¿Su vida privada fue realmente así?

Lo que se cuenta en esos libros sobre su agitada vida sentimental es verdad histórica. Esos episodios fueron incluso motivo de quejas a la corona española por parte de vecinos de Buenos Aires que intentaban sacarse de encima a Liniers. Hablaban de su vida desarreglada, del escándalo y de la tendencia a dar cargos públicos a familiares de su amante.

¿Era casado?

Era casado dos veces, pero era viudo en el momento en que fue virrey. Habían muerto sus dos mujeres. La segunda falleció en un viaje de Misiones a Buenos Aires y está enterrada en el cementerio del Tigre. Lo importante es que la figura de Liniers era vulnerable por varios costados. Por el hecho de ser francés, por su vida considerada disipada y hasta por la circunstancia de haber sido llevado al poder originariamente por un movimiento popular. Esto último molestaba mucho a los españoles legalistas, que siempre habían desconfiado de él, a pesar de que Liniers demostró en todo momento ser leal a la Corona.

Liniers se recorta como una figura aislada. ¿Hay que esperar hasta los hombres de Mayo para empezar a ver que los motores pueden trabajar en equipo?

Exactamente, aun cuando los hombres de Mayo conforman un equipo de gente con orígenes muy diferentes, pero con una visión muy clara de lo que tenían que hacer con esas tierras. De un modo más o menos explícito buscaban la independencia, la separación total de España, y lo van logrando de manera clara y progresiva con la sucesión de gobiernos de la Revolución: la Primera Junta, la Junta Grande, el Primer Triunvirato, el Segundo Triunvirato, el Directorio. Si podemos hablar de motores en equipo es porque, con criterios distintos, insisto, a todos les preocupaba llegar a lo mismo: la organización de un país independiente y la construcción de una sociedad más igualitaria, menos injusta y más abierta al mundo que la colonial.

Juan Manuel de Rosas es otro de los grandes motores de este país. Tiene también una idea férrea de la Argentina que quiere y la mantiene a lo largo de su prolongado gobierno. Esos criterios, finalmente, demuestran ser anacrónicos, pero hay que reconocer que durante un tiempo sirvieron para mantener una suerte de unidad nacional, imbuir de la conciencia de que éramos una nación y transmitir la fuerza espiritual suficiente como para resistir a las pretensiones de Francia y de Inglaterra sobre nuestro territorio. De modo que Rosas motorizó algo que podríamos ver como el asentamiento de los resultados de la Revolución en el aspecto político. No en otros aspectos, como el ideológico principalmente, que era lo que les señalaban los muchachos que se le oponían tenazmente desde la Asociación de Mayo. Tampoco en el económico, porque Rosas mantuvo una economía muy cerrada y muy centralista, manejada claramente desde Buenos Aires.

¿Por qué en lo político podría ser quien consolidó la acción de la Revolución de Mayo?

Porque Rosas se esforzó por conservar la integridad nacional y por crear un gobierno centralizado, aunque de la boca para afuera fuera federalista. Si hay algo que Rosas quiso hacer siempre fue conservar estructuras, mantener el *statu quo*. Seguramente no lo percibía, pero la sociedad y la política se estaban modificando, como lo demostró el proceso que terminó con la batalla de Caseros y el telón final para el Restaurador.

Detengámonos en la gente de Mayo. Hay allí dos personajes utilizados siempre como figuras contradictorias, como dos caras de una misma moneda: Moreno y Saavedra. ¿Qué aportó cada uno a esta historia nuestra desde el punto de vista de su personalidad y de su forma de entender la política?

Mariano Moreno aportó sin duda una idea mucho más revolucionaria, más radical, tanto en los procedimientos como en los objetivos y puso en marcha lo que podríamos llamar el primer partido político del país, con el grupo de amigos jóvenes que se reunían en el café de Marco. Éstos, luego de su muerte, lo transformaron en verdadero ídolo y trataron de llevar adelante algunas de sus ideas.

Cornelio Saavedra, por el contrario, era un hombre mucho más moderado, mucho más pausado en los pasos políticos que iba dando. Seguramente lo aguantó mal a Moreno durante el tiempo en que convivieron. Es que Moreno era muy dinámico y muy inteligente, y frente a eso Saavedra debía resignarse a dejarle un espacio y esperar el momento oportuno para neutralizar su actividad. Hay cartas de Saavedra a sus ami-

61

gos, después del alejamiento de Moreno, que demuestran el alivio que sintió. De modo que, a pesar de que se abusó un poco en la interpretación de los términos de este enfrentamiento, yo creo que éste existió y que las negociaciones entre estos caracteres deben haber sido arduas.

¿Fue la primera interna de la historia política argentina?

En cierta medida, sí. Y, a pesar de que Saavedra ganó la primera vuelta, en última instancia, el Triunvirato y lo que le sigue, la Asamblea del año XIII, son un triunfo de las ideas de Moreno.

¿Por qué?

Porque ambos organismos de gobierno alientan ideas más revolucionarias, más radicales. El solo hecho, por ejemplo, de crear una bandera, tener un himno, acuñar moneda, dictar leyes sobre libertad de expresión, sobre libertad de los esclavos nacidos a partir de ese momento... Todas estas medidas señalan un solo camino: el de una sociedad realmente independiente e igualitaria.

¿Dentro de la Primera Junta de Gobierno el poder se repartía de manera pareja entre Saavedra y Moreno o había espacio para que terciaran otros?

Las estructuras de poder suelen ser dinámicas, ¿no cree? Allí terciaban otros, por supuesto, como Belgrano, Castelli y Paso. Generalmente tenían una actitud más proclive a las ideas de Moreno, pero más atemperada también. Pero Belgrano y Castelli fueron enviados en misiones militares al interior, por lo que perdieron peso dentro de la Junta. Imagino que debe haber sido una lucha sorda y a la vez muy nítida, porque cada uno de estos hombres tenía temperamentos e ideas fuertes, por lo que no les debe haber resultado sencillo negociar.

¿Cuál fue el más político? Me refiero a aquel del que se pueda decir que tuvo la mayor capacidad visionaria.

Mire, se discute mucho si el Plan de Operaciones atribuido a Moreno es realmente de él o no. Todavía se sigue discutiendo. Si ese Plan de Operaciones fuera realmente salido de la mentalidad de Moreno, daría cuenta de una actitud muy radical, incluso muy implacable respecto de los enemigos del régimen, pero, también, de una visión clarísima de lo que se pretende hacer con la Revolución. Ahí está concentrado todo el pensamiento de Moreno y es realmente fascinante.

¿De qué trataba el Plan de Operaciones?

Tiene todo tipo de instrucciones políticas. En algún momento, por agosto de 1810, la Junta se encuentra con que precisa una orientación mucho más clara de la que tenía hasta ese momento. Por unanimidad, le encargan a Moreno la redacción de un plan al que se ajustaría la política de la Junta en adelante. Moreno se encierra durante algunas semanas y escribe ese plan, que permaneció secreto muchos años, hasta que Eduardo Madero, haciendo unas investigaciones sobre el puerto de Buenos Aires en el Archivo de Sevilla, descubrió no el original de este plan, sino una copia. Él lo atribuyó a Moreno de entrada pero, años más tarde, se desató una polémica feroz acerca de si realmente Moreno podía ser su autor o no. Intervino entonces el historiador Ricardo Levene, que como tenía como ídolo a Moreno, no podía aceptar dentro de su

63

mentalidad liberal que éste recomendara medidas tan drásticas. Por eso Levene sostuvo que el Plan de Operaciones era apócrifo. Más tarde se encontraron otras copias del Plan: una en Brasil y otra en España. La polémica sigue hasta ahora. Hace tres años, el profesor Carlos Segreti publicó en la revista *Todo es Historia* un artículo muy erudito donde demuestra que el documento, el Plan de Moreno, es en realidad obra de un copista, de un amanuense. Pero eso no significa, de ninguna manera, que el autor no sea Moreno. Moreno hizo el original y otros, las copias.

¿Por qué usted está tan seguro de que la autoría corresponde a Moreno?

Porque ésas son, irrefutablemente, sus ideas. Porque en su momento nadie desmintió que fuera así y porque hay una cantidad de alusiones y de menciones de nombres que dan la certeza de que fue escrito dentro del contexto político que Moreno manejaba. Por ejemplo, en un momento el texto dice: "Hay que ganar para la causa de la Revolución en la Banda Oriental al capitán de blandengues José Artigas". José Artigas en ese momento estaba vacilando sobre si se plegaba o no a la Revolución. La posición del Plan sobre Inglaterra es la que manifestó Moreno siempre: había que abrirles la economía a los ingleses, darles todo lo que pidieran a cambio de su apoyo político, pero siendo conscientes de que ellos iban a llegar al Río de la Plata para hacer negocios, no beneficencia. Todas las ideas del Plan de Operaciones, por si todavía queda alguna duda, pueden rastrearse en los artículos que Moreno publicaba en *La Gazeta de Buenos Aires*.

¿Qué argumentos tienen los que afirman que el documento es apócrifo?

64

Sugieren que el Plan puede haber sido pergeñado por alguien que quería perjudicar a la Revolución, mostrando su rostro más jacobino. Dado que el texto es muy radical, extremista, pueden haber querido decir "miren, éstos son los personajes contra los cuales debemos luchar para recuperar nuestro poder en la colonia".

¿Uno puede sospechar que si fue un plan tan secreto es porque la Junta dudaba de ponerlo en práctica?

Implica por lo menos que hubo cierto pudor en publicarlo.

¿Saavedra es entonces un motor que a la vez actúa como freno de la radicalidad de Moreno?

Sí, eso se ajusta a la realidad. Saavedra quiere lo mismo que Moreno, la independencia total, pero marcha hacia ella con mucha más cautela.

¿Es un hombre cuánto más grande que Moreno?

Moreno tenía 33 años cuando murió y Saavedra tendría unos diez años más, pero para esa época era una diferencia bastante grande.

¿Y a usted cuál de los dos le cae más simpático?

Moreno me cae simpático por esa cosa de idealismo juvenil, que quizás a veces lo lleva hasta injuriar y a incurrir en errores de concepto y de apreciación. Saavedra me resulta simpático porque pone un poco más de experiencia y de sensatez en un proceso que puede desbocarse en cualquier momento. Los dos producen una contraposición dialéctica muy interesante.

Y creo que en procesos como éstos esta clase de contrapesos son imprescindibles.

Me llama la atención que después de Saavedra y Moreno usted haya saltado directamente a Rosas en la elección de los que para usted son motores de la historia. Entiendo cuál es la asociación que hace entre los tres, pero me pregunto si no hay otros hombres —San Martín, Belgrano— que representen una línea de mayor continuidad con la Revolución.

Fíjese que con toda la gloria que pueden tener Belgrano y San Martín, no hacen más que cumplir operativamente los ideales de la Revolución en el plano militar. Y aquí estamos hablando de motores ideológicos, de generadores de ideas y hechos novedosos. Omito por ejemplo a Bernardino Rivadavia, porque cuando uno habla de motores, habla de motores que funcionan, no de motores que quedan detenidos y fracasan. Rivadavia fracasa, evidentemente, con todas sus utopías y sus sueños. Él es la representación del gobernante que no tiene en cuenta la realidad y, en consecuencia, se maneja en un plano totalmente ilusorio.

Es interesante la imagen que usted trae de Rivadavia (un hombre frustrado en sus utopías), mientras buena parte de los historiadores se refieren a él como el primer político que nos endeudó con el extranjero, en atención a que acordó el empréstito Baring con la banca inglesa. Su mala prensa aumenta, si pensamos que para los revisionistas, precisamente por este préstamo y por ciertos manejos en el negocio minero, directamente fue "el primer coimero de nuestra historia". ¿Quién es, realmente, este hombre que alentó sueños que fracasaron siempre?

Sí, Rivadavia fue un hombre de puras utopías. En líneas generales, hay dos tipos de gobernantes. Aquel que se maneja con objetivos extremadamente difíciles de cumplir porque las condiciones de la realidad no dan para eso, se tropieza, se da de bruces con la realidad y fracasa. De algún modo esto le pasó a Arturo Frondizi, que se adelantó a su época en muchas cosas y a quien hay que reconocerle la lúcida visión que tuvo del país y del mundo. Pero seguramente todo esto fue prematuro para su época. El segundo tipo de gobernante es el demasiado realista, el que se atiene a la realidad de una manera servil, sin intentar modificarla para nada. Es el caso de Rosas, que conoce perfectamente su país, sabe sus defectos y sus virtudes y prefiere que la cosa se mantenga en un *statu quo*, sin intentar cambiar nada. Puede ser incluso el caso de Perón, cuando dice que "la única verdad es la realidad". Si la única verdad es la realidad, no toquemos entonces nada: la realidad es el valor fundamental, inmutable, ajeno a cualquier acción del hombre. Rivadavia, como decíamos, es el primer caso de gobernante que se lleva por delante la realidad. Es el hombre que está lleno de ideas, muchas de ellas muy saludables, pero que giran en el vacío porque no se pueden apoyar sobre ninguna realidad, porque la realidad no está en condiciones de soportar esas ideas. Piense solamente que Rivadavia planeaba un canal que cruzara el país...

¿Un canal de dónde a dónde pretendía?

De la cordillera de los Andes al río Paraná. Suponía que con un decreto que él firmara ya estaba todo arreglado. Por otra parte, quiso ser presidente y lo fue, pero también el título fue una utopía. Porque en los hechos, no tuvo ningún poder fuera de la ciudad de Buenos Aires, e incluso fue repudiado por todos los gobernadores. No sabemos si con justicia o con injusticia, pero la realidad siempre le fue adversa. Por eso creo que debemos obviar a Rivadavia en cualquier inventario de hombres que motorizaron cambios. Dejó algunas ideas, apenas, pero nunca hechos concretos.

¿La opinión de los revisionistas es entonces excesiva, innecesaria?

La historia revisionista siempre se ha basado en una ideología llena de prejuicios, de modo que todo aquello que no cupiera dentro de sus criterios estrechos era decididamente rechazable. Éste fue el caso de Rivadavia, como será también el caso de Sarmiento, por ejemplo. Por lo tanto, no me parece que los juicios de los revisionistas deban ser tenidos en cuenta. Eso no quita que haya imputaciones sobre Rivadavia que lamentablemente resulten verosímiles. ¿Aceptó o no coimas? Aceptó un sueldo como director de la compañía de minas que él mismo contribuyó a formar en Inglaterra y que realizaba explotaciones en el Río de la Plata. Ése fue un error grave, quién lo duda.

¿Recibía el sueldo mientras ejercía el gobierno?

Sí, claro. Aun cuando se lo imputaron desde un principio sus adversarios. Hasta el mismo Manuel Dorrego, cuando es designado gobernador de Buenos Aires después de la caída de Rivadavia, en su mensaje a la Legislatura, alude a este hecho. Por eso, hay quien dice que el fusilamiento de Dorrego se debió al encono que despertaron estas declaraciones sobre la honorabilidad de un personaje como Rivadavia.

Bien, Rivadavia no fue motor porque no funcionó. ¿Y puede haberlo sido plenamente Rosas, que por lo que usted define actuó como un gobernante de vuelo bajo, casi un mediocre?

Mediocre..., no sé si es la palabra que corresponde. Porque Rosas motorizó, aun sin quererlo, cambios por el solo hecho de estar en posesión del poder y mantenerlo durante un lapso tan prolongado. Su misma forma de ejercer el poder produjo transformaciones, que de manera poco ostensible se iban produciendo en la sociedad argentina.

A pesar de sí mismo, dice usted.

A pesar de sí mismo. Él hubiera querido, probablemente, que la vida se detuviera, tan conservador era. Rosas era, por supuesto, un entusiasta partidario de la independencia y de la soberanía de la Confederación argentina. Pero en cuanto a sus ideas, a sus convicciones más íntimas sobre la estructuración de la sociedad, Rosas amaba el arquetipo de la sociedad colonial, jerarquizada, ordenada, respondiendo a valores muy conservadores y sin ninguna ansia de innovaciones. Es probable que haya podido hacer más lentos los cambios, pero de todos modos no pudo impedirlos para siempre. La vida seguía, a su pesar, y las transformaciones ocurrían, sin que él se diera cuenta. Por ejemplo, Rosas no advierte que hay toda una generación nueva de argentinos —dejando de lado los emigrados y los opositores, más enconados— que no ha vivido los errores de la guerra civil y que está convencida de que el país necesita una Constitución y una organización más democrática. No lo tiene en cuenta, y la evidencia de que no lo percibe se da en las circunstancias en que se produce el pronunciamiento de Urquiza en 1851. Allí, el único argumento que tiene para oponerle al gobernador entrerriano es la publicación de la famosa carta de la Hacienda de Figueroa, como si lo que había opinado en 1834 sobre la organización del país pudiera tener vigencia en 1851.

¿Cómo hizo para conservar el poder tanto tiempo?

Fue una admirable labor de tejeduría política, en donde aplicó una variadísima gama de herramientas. Desde el terror hasta la negociación con los gobernadores, el uso de consignas que eran fácilmente recogidas por el pueblo y la habilidad de un gobierno central muy fuerte y muy poco tolerante con cualquier disidencia.

¿Qué le dejó al país?

Le dejó la unidad nacional y la conciencia de que éramos una nación. Una unidad que todavía tendría que expresarse políticamente, pero que de todos modos ya existía en los espíritus y que él ayudó a consolidar.

¿Cómo se traduce en los hechos ese concepto casi espiritual?

Con una operatividad muy clara. Porque cuando después de Caseros Buenos Aires se separa de la Confederación, la lógica de los hechos podría haber arrastrado a la independencia total de Buenos Aires y a su conversión en un Estado libre. Sin embargo, los porteños, incluso los más recalcitrantes, no se animan a semejante escisión y después de la batalla de Pavón restablecen la unidad del país. ¿Por qué? Porque existía la conciencia de la unidad nacional. Ya habían anidado en los espíritus las ideas de que Buenos Aires sola no era la Argentina, que las provincias solas tampoco lo eran y que se necesitaba un entendimiento entre ambas estructuras para que pudiera hablarse realmente de organización y de unidad nacional.

Me queda la sensación de que usted lo valora a Rosas como un motor político pero no económico, por su excesivo afán conservador. ¿Es así?

Sí, su política económica es extremadamente conservadora. Rosas no incorporó ninguna innovación tecnológica importante, aunque al menos permitió que se lo hiciera por vías privadas. Por ejemplo, muchos hacendados decidieron alambrar. Pero no hubo cómo diversificar la producción, que se basaba fundamentalmente en el saladero y la exportación de carne seca y salada. Respecto de la inmigración, no la promovió ni tampoco la detuvo, lo que dio lugar a moderados ingresos de vascos, gallegos e irlandeses sobre todo. Tuvo una concepción de las rentas públicas como exclusivamente porteñas: en contadas ocasiones se notó alguna ayuda a alguna provincia del interior, como es el caso de Santiago del Estero. Pero las rentas de la aduana porteña eran para Buenos Aires, fundamentalmente para mantener el Estado de Buenos Aires, el ejército de Buenos Aires y su relativa prosperidad.

Un verdadero unitario...

Totalmente unitario, pese a que se declaraba federal. Y un defensor de la no apertura de la economía al mundo como se haría años después. Quizás no estaban dadas las condiciones todavía, pero lo cierto es que, desde el punto de vista económico, la Argentina permaneció en una situación no demasiado diferente a la de la colonia, salvo en lo que concierne a la dependencia directa de España, que por supuesto se cortó.

Es increíble esa fascinación por detener el tiempo.

Es realmente impresionante. Incluso, la famosa ley de aduanas de 1835, sancionada por Rosas por de-

71

creto aun cuando se la llama ley, establece la protección para ciertas producciones nacionales, como por ejemplo el trigo, pero tuvo una vigencia de unos pocos meses nada más, porque con el bloqueo francés se alteraron las cosas. Los historiadores revisionistas alaban esta medida de Rosas y lo juzgan como una suerte de precursor en la independencia económica. Pero si eso ocurrió, cosa que dudo, fue por un tiempo muy efímero.

¿Rosas es el personaje más contradictorio de todo el siglo XIX?

Es el más contradictorio, el más controvertido, el que ha registrado más polémicas y el que siempre será un personaje muy ambiguo, muy difícil de definir. Por eso ha dado pie a una larguísima discusión en torno suyo que, por suerte, creo que ha sido definitivamente zanjada.

Luego de hablar de Rosas se impone trazar el perfil de Urquiza, su contrafigura.

No, no creo que sea su contrafigura. Si quiere, lo fue en alguna medida, pero no totalmente. Porque Urquiza también era federal, y lo que uno debe reconocer es que Caseros no fue un enfrentamiento radical de ideologías opuestas, sino más bien una interna dentro de un mismo partido político. El nuevo caudillo venció al viejo, simplemente. Así que más que contrafigura, yo diría que Urquiza es otro motor de nuestra historia, porque fue claramente el que impulsó la organización constitucional del país. En ese sentido, Urquiza, al que los porteños desdeñaban y hasta odiaban porque lo consideraban un caudillo brutal y primitivo, demostró que sus críticos se equivocaron de medio a medio. El entrerriano puede haber sido un caudillo en sus

72

primeras etapas, pero fue un hombre que supo evolucionar, que se supo rodear de buenos asesores y que tuvo un objetivo muy claro que fue conseguir una Constitución y, en consecuencia, dotar al país de una organización legal definitiva. En ese sentido, su política fue muy coherente ya antes de Caseros, cuando convoca a la unidad nacional, a la fusión de los partidos y a la organización del país. Y luego también, cuando Buenos Aires se segrega y Urquiza decide no llevar las cosas hasta el fondo, es decir, no fuerza la situación como para provocar un enfrentamiento definitivo con Buenos Aires. Hubo desde luego enfrentamientos, batallas como Cepeda y Pavón, pero siempre Urquiza trató de mantener contactos con Buenos Aires, respetándola. Creo que él intuía que era inevitable que Buenos Aires liderara y hegemonizara la organización nacional.

¿Da alguna señal concreta de ese respeto por la supremacía de Buenos Aires?

Él había derrotado a los porteños en dos oportunidades: en Caseros y en Cepeda. Luego, en la batalla de Pavón, prácticamente se retira cuando tenía todo de su lado para ganarla. Debe haber pesado su convicción de que era inútil ganarles a los porteños en el campo de batalla porque después, en el de la política, Buenos Aires sacaba ventaja siempre. En este sentido, el apartamiento de Urquiza después de Pavón facilita la reorganización nacional. Se trata de una reorganización hecha de modo muy sangriento en el interior por las tropas de Mitre, pero estas fuerzas indudablemente representaban un nuevo orden de cosas al cual era muy difícil resistirse. Buenos Aires tenía la hegemonía histórica, la clase política más experimentada, un Estado relativamente rico en el que primaba el pensamiento moderno europeo: todas eran condiciones que definían su liderazgo de la unidad nacional, así como Castilla había encabezado la unidad de España, Prusia la de Alemania y Saboya la de Italia. Todo el proceso demuestra hasta qué punto Urquiza fue coherente en sus decisiones políticas.

Usted enfatizó que ambos, Rosas y Urquiza, eran federales. Sin embargo, da la sensación de que hay diferencias importantes en el proyecto político de uno y otro. ¿En qué se diferencia el federalismo de Rosas del de Urquiza?

Hay diferencias notorias, sobre todo porque Urquiza era mucho más progresista que Rosas. Quería abrir el país a la inmigración (él es el primero en abrir su provincia, Entre Ríos, a los colonos extranjeros) y a los capitales, y aprovechar eficazmente los recursos naturales (para eso incluso pone dinero personal para construir el ferrocarril de Rosario a Córdoba). La inmensa fortuna que hizo sobre los saladeros da cuenta de su visión, ya que supo vincularse con lo que entonces era una industria de punta. A Rosas, como ya hemos visto, no le interesaba nada de eso. Pero los dos eran federales en el sentido de que creían en una organización donde las provincias tuvieran cierta autonomía y en la defensa de la integridad nacional. En ese sentido los dos fueron muy claros siempre. Cuando estalla la Guerra del Paraguay, las expectativas de Solano López se concentraban en que Urquiza aprovechara para alzarse contra Buenos Aires. El entrerriano no lo hizo: descontaba los peligros de esa jugada y no le interesaba correrlos.

¿Le fue fácil a Urquiza armar una alianza en contra de Rosas? ¿Había ya un fermento opositor sobre el que él se montó?

74

Había un fermento opositor, aunque muy silenciado. Las provincias anhelaban una Constitución porque languidecían en la pobreza, tenían que manejarse con aduanas interiores que encarecían todas las mercaderías, no podían comerciar con naciones vecinas. Urquiza significó, en este sentido, una esperanza. Pero el poder de Rosas, aun en 1851 y 1852, seguía siendo tan fuerte que los gobernadores de las provincias, casi como un acto litúrgico, seguían adhiriendo públicamente a Rosas. Pero cuando Urquiza se decide a presentar batalla en Caseros, nadie duda en respaldarlo y enfrentar a Rosas.

¿Qué deja Urquiza en el país como marca propia?

La Constitución nacional. No es un producto de él individualmente, desde luego, pero bajo su protección se sanciona y se jura la Constitución. Él da un ejemplo, incluso, cuando en 1858 se plantea la renovación de la presidencia y algunos amigos suyos, entre los que se cuenta el mismo Alberdi, lo incitan a que se haga reelegir, cosa que podría haber hecho con bastante facilidad. Como la Constitución prohibía la reelección, él respeta esa cláusula y facilita la elección de Santiago Derqui. Al hablar de elecciones, estamos hablando de las elecciones de aquella época, decididas por un puñado. Pero, de todos modos, hacerse reelegir hubiera sido una violación lisa y llana de la Constitución que él mismo había sancionado y que no estaba dispuesto a traicionar.

¿Desaparece absolutamente de la escena política o se reserva un cargo menor?

Urquiza sigue siendo gobernador de Entre Ríos y se mantiene ahí en su feudo. Mitre, después de Pavón, tiene la buena idea de no provocarlo, a pesar de las incitaciones de algunos de sus amigos en Buenos Aires, entre ellos Sarmiento; prefiere que los enfrentamientos se vayan atenuando y consigue finalmente el acatamiento de Urquiza al nuevo gobierno nacional que el mismo Mitre preside. Creo que hay que evaluar toda esta etapa como una suma de renunciamientos de Urquiza, decididos a costa de su poder y de su prestigio federal frente a sus amigos. Por eso lo matan. Piense que no lo matan los liberales, ni los porteños, sino los que habían sido sus partidarios más fieles.

¿Qué es lo que no le perdonan, que hubiera resignado poder?

No, no le perdonan su alianza con Buenos Aires, su entendimiento con la ciudad que las provincias temían y despreciaban. Eran federales ultras que no concebían que se pudiera llegar a un acuerdo, a un estado de cosas pacífico con Buenos Aires. Dejemos de lado las ambiciones personales, que por supuesto complicaban el escenario. De modo que yo creo que Urquiza es prácticamente un gran motor de la construcción del país en el sentido de que dejó, como dije, la Constitución y la convicción de que había que hacer la unidad nacional ya no sobre batallas o sobre enfrentamientos, sino sobre negociaciones y acuerdos y sobre una comprensión sólida de la realidad de las cosas.

Urquiza es entonces el motor político de la Constitución. ¿Quién es el intelectual?

En primer lugar, Juan Bautista Alberdi, con su libro *Bases y puntos de partida para la organización nacional*, que es casi una recopilación de artículos que él había escrito antes en su exilio de Valparaíso. Ese texto señalaba aspectos nucleares, que luego se ocupa-

76

ron de ampliar y especificar varios miembros de la convención constituyente de 1853.

¿Estaba aceptado que esos lineamientos de Alberdi iban a imponerse por sobre cualquier otro modelo? Quiero decir: ¿los constituyentes llegaron a la asamblea con un acuerdo político previo?

Sí, no hay duda de que pesaba la Constitución norteamericana, y el modelo de Alberdi —que la respetaba— aparecía como la propuesta más lógica y contundente. Hubo solamente un debate más o menos fuerte en los constituyentes, relativo a la religión y a la tolerancia religiosa, planteado sobre todo por el delegado catamarqueño. En el resto de los aspectos, no hubo grandes disensos. En principio, porque la Constitución es una obra muy llena de lógica y de sabiduría política, no inventa instituciones que sería muy difícil mantener, no produce grandes innovaciones respecto de lo que ya era la conducta política e institucional establecida. En el texto definitivo de nuestra Constitución están intercaladas muchas expresiones que habían pasado de la Constitución de 1819 a la de 1826, y así sucesivamente. Es decir que hay un gran respeto por la tradición política previa, por lo que no fue necesario establecer nuevos pactos. Si se quiere, todos fueron renovados y formalizados con la irrupción de Urquiza en Caseros.

Esto resulta llamativo: el hecho de que el texto pasara de un año a otro, sin generar demasiadas controversias, pero que nunca terminara de forjarse el acuerdo institucional y político para llevar a la práctica la Constitución.

Claro, ésa era la tesis de Rosas, que nunca creía que era momento de fijar y respetar el texto de la

77

Constitución. Pero como todos los grandes líderes, Urquiza sintetizó y sintonizó el aire de su tiempo, interpretó lo que estaba en la atmósfera y advirtió que era imprescindible una organización legal que concluyera la guerra civil, diera mayores seguridades a la propiedad privada y garantizara trabajo al inmigrante. Ésas eran expectativas esenciales de aquel clima de época.

¿La caída de Rosas fue muy conflictiva para el país?

No, yo diría que no. Fue como un fruto maduro que cayó, sin provocar mayores perturbaciones. Había sin embargo un resabio molesto: Buenos Aires realmente había apoyado a Rosas y la caída del dictador y sobre todo la persecución de que es objeto después (se le confiscan los bienes, se lo procesa, se lo condena a muerte años más tarde) genera una inquietud importante. Es como si Buenos Aires íntegra se sintiera complicada tanto en las decisiones de Rosas como en su destino final. No hay que olvidar que todo Buenos Aires había sido rosista, de manera explícita y fervorosa o de manera implícita y casi indiferente, sobre todo en los últimos años del régimen. Los porteños actuaron con mucho pragmatismo, que casi podríamos decir que se confundía con el cinismo: tomaron a cuatro o cinco de los dirigentes más conocidos de la Mazorca, esa fuerza parapolicial que le servía a Rosas para perseguir adversarios, los procesaron y los mataron. Funcionaron como los chivos expiatorios de todo lo que había ocurrido antes. La sociedad porteña intentó así lavar sus culpas haciendo que éstas recayeran sobre las cabezas de esos detestados como Leandro Alen, Cuitiño, Parra, Troncoso...

¿Ese Alen, mazorquero, era familiar del Leandro Alem que fundó el Partido Radical?

Era el padre. Fue mazorquero y un hombre que no estaba en sus cabales. Era Alen y después Alem, porque el hijo se cambió el apellido. Estos cuatro tipos colgados en la plaza de Monserrat significaron el blanqueo del apoyo que los porteños habían dado a Rosas. Luego de esa pequeña masacre, la sociedad porteña se sintió libre como para hablar de la época de Rosas como una cosa horrenda, cruel, despótica. Es revelador, porque parece que a nadie le interesó demasiado apreciar los matices. Sin duda, la época de Rosas tuvo momentos horrendos, pero el régimen actuó en algunos episodios con idoneidad. Por ejemplo, en momentos de peligro, como el del bloqueo de Gran Bretaña y Francia en 1840, Rosas fue efectivo.

Insisto, realmente no fue conflictivo el alejamiento de Rosas. Sobre todo porque el partido federal, ya libre del recuerdo del Restaurador, apoyó a Urquiza en las provincias, lo que contribuyó a consolidar la organización nacional. El derrocamiento de Rosas, que pudo haber sido en otro momento una suerte de catástrofe política, se solventó con bastante facilidad en Caseros. La provincia de Buenos Aires, al haberse limpiado de esa adhesión, pudo intervenir en el juego nacional y unirse al resto de las provincias en 1860.

¿Cuál es el próximo político, en su lista de preferencias, que actuó como motor en nuestra historia?

Me atrevo a saltearme a Mitre y a Sarmiento, aun cuando fueron realmente importantísimos, pero quiero enfatizar la relevancia de otro, que lideró una transformación esencial: hablo de Julio Argentino Roca, por supuesto. La época en que Roca es elegido presidente por primera vez, en 1880, coincide con circunstancias muy especiales en la Argentina y en el mundo. Se había terminado la Conquista del Desierto, lo que determinaba que hubiera disponible una gran cantidad de tierras cultivables que podían recibir a los inmigrantes. Hay que aclarar que en los hechos no las recibieron, porque la tierra fue objeto de especulaciones, pero la idea de la explotación masiva por mano de obra inmigrante persistía. En el mundo había un estado de paz, consolidado desde hacía diez años con el fin de la guerra francoprusiana en Europa; había una gran disponibilidad de capitales, se habían abaratado y hecho mucho más rápidos los viajes entre Europa y América con los buques de vapor y había en Europa un excedente de gente que deseaba venir a países como éste.

En nuestro país, ya había pasado definitivamente la época de las guerras civiles y de los motines provinciales, salvo alguna excepción; se había descubierto el gran recurso natural que se había poseído desde siempre, pero que hasta ese momento no se le había dado mucha importancia: la tierra. La tierra era, hasta ese momento, tan vasta como poco explotada. A partir de la época de Roca, a la tierra se la explota racionalmente, se la divide con alambrados, se le ponen molinos de viento y bebederos, de modo que se puedan instalar rodeos. Comienza así el cultivo de cereales y empieza a generalizarse esa maravilla técnica que significó para la Argentina una verdadera revolución, que fue el frío artificial. El frigorífico, desde sus inicios bastante primitivos, fue un vector de progreso, aun cuando sus métodos y sus precios solían ser muy discutidos. Es evidente que las nuevas técnicas de enfriado de carnes contribuyeron a mejorar nuestros rodeos, a permitir una gran acumulación de capital en los hacendados y a conectarnos comercialmente con Europa. La carne, junto con el trigo y las oleaginosas, a fines del siglo XIX, fueron las grandes exportaciones que dieron a la Argentina presencia en los mercados europeos.

Al mismo tiempo Roca crea un sistema político que tiene objetivos también muy claros. Así como Urquiza había sido muy firme en su objetivo principal, organizar el país, Roca lo es en los suyos. Yo diría que éstos son, en primer lugar, mantener a la Argentina internamente en un estado de paz y de respeto por el Estado nacional, es decir, terminar de plano con los alzamientos, revoluciones y motines. En segundo lugar, dotar al Estado nacional de eficacia y poder para cumplir determinados servicios, como garantizar la defensa de las fronteras, la seguridad interna y la educación.

Un objetivo clave de Roca era asegurar la paz con los vecinos, en momentos en que había conflictos con Chile, Brasil, Bolivia y Uruguay. Roca maniobra de forma tal que poco a poco esos conflictos se van diluyendo. El mantenimiento de la paz es un logro tan importante como la Conquista del Desierto.

Finalmente, destaquemos lo que concierne a la apertura del país: abrir las fronteras a los hombres, a las ideas, a los capitales, a las mercaderías, al pensamiento, a las modas y las mañas de la época... Hablo de abrir el país, pero no con un sentido de entregarlo, de rematarlo al mejor postor, sino de enriquecerlo partiendo de la base de que la Argentina ya tenía suficiente identidad y fuerza como para que toda esa avalancha de aportes foráneos sirviera para la construcción y el crecimiento de una nación, no para su deformación o empobrecimiento. Y así ocurrió, realmente. Contra todos los que clamaban contra la inmigración o contra la llegada de capitales extranjeros, habría que recordar que este país fue hecho, entre otras cosas, gracias a la inmigración y a la llegada de capitales. Hay quienes no ahorran críticas contra las inversiones hechas por los ingleses: sin duda, hubo abusos, pero no se pueden negar las grandes obras que quedaron. Gracias a capitales ingleses se hicieron los ferrocarriles, por ejemplo, y se progresó en el trabajo rural.

Todos estos objetivos de Roca aparecen claramente en sus dos presidencias. Es más, le diría que las trascienden, porque él se ocupó de transmitir su pensamiento a todos los que compartían la posición política que fue hegemónica en estas décadas de fines del XIX y principios del XX.

Roca había hecho la carrera militar. ¿Fue un militar que incursionó en la política o un político ducho en táctica y estrategia?

Roca siempre fue político. En cada momento de su vida, tuviera mayor o menor influencia en el juego que se diera. Era un político cuando estaba en la frontera de Río Cuarto, aun cuando allí sus posibilidades de influir en la vida política eran escasas. Hay que tener en cuenta que en esa época todos eran políticos, tanto los civiles como los militares. La política era algo absorbente y excluyente. En las cartas de mi familia por ejemplo, en esa época no se hablaba más que de política. Hay infinidad de cartas, incluso escritas por mujeres, en las que sobrevuelan temas de salud o de convivencia para concentrarse en política de la cabeza a los pies.

Es interesante, porque debe tener que ver con la idea de que se trata del país propio y de la familia propia, sin diferencias entre lo privado y lo público.

Claro, porque había costado mucho llegar a ese estado de cosas en donde hubiera cierta seguridad para cada uno y sus bienes, y este costo había sido pagado por muchas de esas viejas familias patricias, que consideraban al país como algo propio, como algo que ellos habían hecho. Por lo tanto, la política —hablar de ella, hacerla— era una manera de promover el ascenso personal y de satisfacer las ambiciones, pero también de comprometerse con el destino del país. Insisto, todos hacen política: mejor, peor, con ambiciones mezquinas o "vistas levantadas", como se decía en aquellas épocas, pero todos hacen política. Roca desde luego no fue una excepción. Además, influía una circunstancia que es difícil de imaginar hoy en día. En esa época no había esta ansiedad por adquirir bienes personales; la gente vivía sencilla, sobriamente, no importa que fuera presidente de la República o un ciudadano más o menos común de clase media. Todos vivían de manera parecida y quizás por eso dedicaban la mayor parte del tiempo a cosas importantes como la política y no se preocupaban tanto de los negocios o de la suba del dólar, por ejemplo. Como ve, eran otros tiempos.

Después de escribir Soy Roca *parece improbable que haya algo de la vida de él que usted no hubiera desentrañado. Le hago la pregunta más ingenua: ¿cómo es Roca por dentro?*

En primer lugar es un hombre astuto, de una astucia política realmente sobresaliente, pero limitada también por ciertos valores morales que él nunca va a transgredir. La política sí, pero no a costa de la violencia por ejemplo. La política sí, pero no a costa del Estado nacional. Por eso se horroriza cuando Luis Sáenz Peña le entrega el ministerio a Aristóbulo del Valle, que es hombre del partido que le está haciendo revoluciones al presidente. Roca es definitivamente astuto, y lo demuestra en la manera de llevar adelante los objetivos de gobierno que enumeré. Tiene un conocimiento humano muy grande derivado de su conocimiento del país, por la cantidad de destinos en los que había estado. Tucumán, Salta, Paraguay, Catamarca,

La Rioja, el sur de Córdoba... conocía muy bien el país y sus particularidades. Desde luego, era también un hombre de suerte, que como dice Maquiavelo, siempre debe acompañar al gran político. No creo que fuera un hombre especialmente frío; mostraba apenas la frialdad necesaria en política, nada más. No despertaba el cariño popular, sino que al contrario, se lo aborrecía, se lo caricaturizaba, pero él lo toleraba todo. En ese sentido fue un hombre muy democrático, porque tomaba todo lo que ocurría como un precio del poder y de la notoriedad. Jamás se le ocurrió sancionar a nadie porque hubiera dicho o escrito alguna barbaridad sobre él como presidente. No tengo dudas de que por todo esto Roca contribuyó a modelar las formas republicanas de la Argentina. No hablo del contenido democrático, pero sí por lo menos de las formas, lo que ya es algo.

¿Por qué la gente no lo quería?

Realmente, no fue un gobernante querido. Y sobre todo después de la aparición del radicalismo, cuando la figura de su fundador, Leandro Alem —principista, categórico, radical en el mejor sentido de la palabra— se contrapone evidentemente con la personalidad de Roca.

En realidad, ¿por qué tendrían que quererlo? Si hasta las elecciones de 1916 todo el mundo tiene que aceptar resignada, pasivamente, los presidentes que gobiernan sin haber sido elegidos por el voto de la gente.

Esa resignación o esa falta de afectividad empezó a variar con los radicales, precisamente. Porque los radicales se instalan sólidamente en la oposición al régimen, hacen revoluciones, proclaman la abstención en esas elecciones siempre fraudulentas, protestan permanentemente y consiguen movilizar a la gente.

Pero hay que esperar hasta el fin del siglo XIX para que esa ebullición ocurra.

Sí, pero fíjese que el alboroto radical, por llamarlo de algún modo, cubre de 1890 a 1893. Después se apacigua. Con el suicidio de Alem, el radicalismo entra en una especie de estado de hibernación, hasta que se despierta con otra revolución, la de 1905.

Volviendo a Roca, me pregunto si la gente no lo quería por lo que después lo despreciaron tantos: la arremetida contra el indio y la Conquista del Desierto.

No, en ese momento todos avalaron la lucha contra el indio. Y los que la impugnaron años más tarde no conocen la época, simplemente. En aquellos años el indio era odiado. Era considerado, y con razón, ladrón, codicioso, borracho, totalmente desprovisto del sentido del honor, sin capacidad para cumplir los acuerdos, hostil contra la población blanca, un perjuicio permanente en la frontera y en todos los establecimientos rurales. Hay otro aspecto que puede sumarse: los indios ya no eran los mismos de 40 o 50 años antes, que eran indios realmente en estado puro, sino que estaban muy mezclados con marginales y con indios chilenos que venían aquí a robar ganado para venderlo en Chile. Hasta los nombres de los principales jefes nos dan una idea. Antes, los nombres de los indios eran de origen pampa, mapuche... respondían a sus orígenes. En la época de Roca encontramos un Mariano Rosas, un Baigorrita, eso habla de las mezclas que le señalo. Todo esto no justifica, pero define un clima en el que no había la menor compasión por los indios y sí la convicción de que no podían ser asimilados ni pacificados. La tarea de la civilización, así se lo veía entonces, era liquidarlos directamente. Piense, por ejemplo, en los sentimientos que podía despertar el hecho de que los indios raptaran cautivas. Se las llevaban y pedían un rescate ya tarifado: habían armado un negocio que tenía a la población blanca desesperada.

Es indudable que con los años hubo una idealización de los indios y una grave inculpación a Roca, pero hay que tener noción de la realidad histórica: por esa época, los indios eran una rémora y debían ser controlados. Roca, por otra parte, no llevó adelante ningún genocidio como suele decirse. La Campaña del Desierto no tuvo batallas, salvo alguna escaramuza cerca de la cordillera, a cargo de uno de los cinco cuerpos que fueron avanzando junto con Roca. Fue una especie de paseo militar hasta Río Negro.

¿Realmente sólo para contenerlos?

Como para contener a los indios y arrinconarlos sobre la cordillera. Recordemos lo que dijo a la vuelta, cuando regresó a Buenos Aires: "El gran descubrimiento de esto es que no hay indios". Algo de razón tenía porque no encontró indios hasta Río Negro. Por otra parte, en esa época predominaba la idea darwinista de la superioridad del hombre blanco, de la supervivencia del más fuerte y de la existencia de razas inferiores. Lo mismo se había estado haciendo en el Far West, en África del Sur o en la India: liquidar a las fuerzas nativas o, por lo menos, reducirlas, neutralizarlas en sus posibilidades bélicas y en su papel de obstáculos de la "civilización". De modo que lo que hizo Roca fue muy similar a lo que pasaba en otras partes del mundo.

Clima de época, digamos.

Clima de una época en la que el blanco era el progreso, y el progreso no podía admitir obstáculos por la existencia de unos cuantos centenares o aun unos pocos miles de atrasados, bárbaros, sucios, mentirosos, codiciosos, etcétera... Es importante señalar que cuando Roca presentó su plan, en 1878, se discutió si eran necesarios todos los fondos que él pedía y algo sobre la estrategia por desarrollar, pero nadie presentó un plan alternativo. Nadie dijo "no, en vez del ejército mandemos más sacerdotes o maestros o artesanos". Nadie dijo absolutamente nada. Eso le da una idea del aval que la época le dio a Roca.

En general las segundas presidencias tienen mala prensa, porque suelen ser peores que las primeras o la gente se muestra menos tolerante. ¿Cómo le fue a Roca con su segunda presidencia?

Relativamente bien. Las cosas siguieron andando tal como él las había puesto en marcha y como las respetaron sus sucesores, sobre los que Roca también tuvo un predominio importante.

¿Siempre vigilaba desde algún cargo?

Fue senador y presidente del Senado en la última época, y ministro del Interior de Pellegrini también durante unos meses. Seamos claros: la manija de algún modo la seguía teniendo siempre. Con este matiz que es bueno destacar: Roca permitió siempre en su partido la posibilidad de la disidencia. No trató de enfrentarla, sino más bien de cuerpearla y neutralizarla de otro modo. Como en el célebre caso de la candidatura de Roque Sáenz Peña en 1892. Roque Sáenz Peña dominaba un buen sector del Partido Autonomista Nacional que era antirroquista. ¿Qué hizo Roca? Proclamar la candidatura del padre de Roque, Luis Sáenz Peña, y entonces, la del joven Sáenz Peña quedó abortada. No fue un hombre que manejara sus fuerzas de forma totalitaria; era astuto, simplemente. En la segunda presidencia tuvo algunos logros como la paz con Chile, algo muy importante en esa época en que todos los países limítrofes estaban en una carrera armamentista desenfrenada; sus tímidas iniciativas para mejorar las condiciones de vida de la clase obrera a través del informe que le encomendó al especialista catalán Juan Bialet Massé, sobre el que proyectó el Código de Trabajo que nunca trató el Congreso; la reforma educativa de Osvaldo Magnasco, que intentaba darle un sentido más práctico y menos académico a la enseñanza; y la reforma de la ley electoral, que permitió brevemente la vigencia del sistema de elección por circunscripciones, lo cual, al menos en teoría, era mejor que la lista sábana donde el que ganaba se quedaba con todo, porque ni siquiera había respeto por la minoría. Esta reforma permitió, como sabemos, la elección de Alfredo Palacios por la circunscripción de la Boca.

Pero, de todos modos, la segunda presidencia de Roca no fue tan transformadora como la primera, pero tampoco hacía falta. Lo que Roca hizo fue recoger las semillas que había sembrado en su primer gobierno y en los que lo sucedieron, de su mismo signo. El país ya conocía el camino de su enriquecimiento, eso fue lo importante.

Una de las sensaciones que quedan cuando uno lee Soy Roca *es que es difícil pensar en otro hombre que haya sido tan feliz en el ejercicio del poder. En Roca se percibe un disfrute casi sensual del poder.*

Sí, porque además el estado del país lo permitía. Es decir, ya no hacían falta las presidencias austeras de Mitre, Sarmiento o Avellaneda. Había un espíritu en sintonía con la prosperidad del país también y esto se reflejaba en el estilo confiado y pleno de los hombres del gobierno.

¿Qué sintió usted mientras escribía Soy Roca? *¿Cómo le resultó el contacto permanente con ese hombre?*

Lo sentí como un gran desafío porque era meterse en la piel de un personaje en cuya línea yo no había estado nunca. Tenía que imaginar su pensamiento, sus procederes y hasta su lenguaje. Era un lenguaje que había que elegir cuidadosamente, para no incurrir en anacronismos, para no usar palabras que no correspondían a aquella época. Por eso hablo de desafío, porque meterse en la piel de un adversario es meterse con el otro, tratar de entenderlo, no destruirlo, no desdeñarlo, no "aniquilarlo", sino comprenderlo de alguna manera, que es, creo, en última instancia, la gran función del historiador.

En Soy Roca *usted realmente logró meterse en la piel del presidente. ¿Llegó a amarlo como personaje?*

Inevitablemente, cuando uno hace la biografía de un personaje se aproxima a él. Es un fenómeno muy conocido. No sé si llegué a amarlo, pero sí a respetarlo, comprenderlo, perdonarlo y descubrir algunas de las facetas que lo muestran realmente como un ser de carne y hueso, con las carencias y debilidades que tenemos cada uno de nosotros.

¿Por qué eligió a Roca para trabajarlo desde adentro, con su propia voz? Porque usted había hecho las biografías de Ortiz, Yrigoyen, Alvear, Perón y Frondizi, pero no con este registro.

Yo había leído a escritores como Marguerite Yourcenar y Gore Vidal y me pregunté por qué no escribir, como habían hecho ellos, un libro en primera persona que retratara a un personaje clave de la historia argentina. Pensé de pronto en un político como Roca, al que todo el mundo conocía en la superficie pero no profundamente. Además, yo veía a Roca como una grampa que une dos épocas totalmente distintas y mostrar ese proceso de transformación me parecía muy interesante. Trato de señalar eso en mi libro: el ímpetu de progreso que implican la construcción del subterráneo de Buenos Aires, las primeras radiografías (Roca mismo se hace radiografiar una mano), el uso del teléfono, todas esas cosas que asombraban a principios de siglo y que a diferencia de los ingenios actuales, era previsible que dieran lugar a evoluciones y a perfeccionamientos. No como ocurre ahora, cuando se rompe esa evolución y la tecnología que nos rodea en la vida cotidiana se torna impredecible. ¿Quién podría haber previsto la computadora, la medicina genética, las comunicaciones por satélite...? En tiempos de Roca, lo previsible era pensar que el teléfono andaría mejor o se tenderían más líneas de ferrocarril. Esa previsibilidad generaba confianza, seguridad en lo que el progreso podía aportar a la vida cotidiana. Es curioso: Roca empieza su vida pública, durante su juventud, en la Guerra con el Paraguay y la termina en otra guerra, la del 14. Sin embargo, no lo asiste en ningún momento la sensación de peligro o devastación. Supongo que porque había dejado un país ya formado.

¿Roca siente que el país que deja es la concreción de su propio proyecto?

Tal vez. No deja exactamente el país que quería, pero lo ve con mucha esperanza porque en sus últimos tiempos, cuando le advertían del supuesto peligro de la llegada del radicalismo al poder (piense que muere dos años después de la ley Sáenz Peña), tranquilizaba a sus partidarios diciendo "bueno, gobernarán, se equivocarán, aprenderán..." No ve esa posibilidad como una catástrofe política, porque descuenta que su movimiento, su gente y su pensamiento han transformado al país, y que un probable recambio político de sesgo distinto va a estar garantizado por ciertos marcos que no van a permitir el desborde. Roca sabe que aunque el gobierno tenga un signo radical, algo totalmente diferente a lo que él conoció y manejó, no va a representar un peligro para el país.

Parece una aptitud esencial de los motores de la historia: no temer a los cambios.

Sí, creo que sí. En última instancia, lo de Roca fue gran confianza en el país. La misma confianza que había demostrado cuando dijo "abran todo y que venga todo lo de afuera, que el país ya está hecho".

Por la selección que usted ha ido haciendo, me da la sensación de que los motores de la historia argentina son siempre ejecutores de políticas. ¿No hay motores intelectuales, hombres que a lo mejor no tienen las aptitudes para ejercer el poder pero sí para diseñarlo, para organizarlo? Me pregunto si en la historia argentina hay "intelectuales orgánicos", como decía el pensador italiano marxista Antonio Gramsci.

Sí, claro que los hay, y de algunos ya hemos hablado, es cierto que haciendo hincapié en sus virtudes como ejecutores. Habría dos por lo menos en el siglo pasado, o tres. Uno, Mariano Moreno, por supuesto, que aunque actuó breves meses en la Primera Junta, aportó ideas que motorizaron prácticamente toda la dinámica de la Revolución. Las ideas de Moreno, puestas sobre todo en el periódico *La Gaceta*, fueron realmente el programa de la Revolución, como también el Plan de operaciones, del que comenté la polémica por su autoría. ¿Qué habría sido de Moreno y de la Revolución si él no hubiera muerto tan joven? No lo podemos saber, pero, desde luego, las ideas fuertes y originales que traía este abogado brillante dieron a la Revolución el empuje y el programa que ella necesitaba. De modo que su influencia fue tal que no importa su desaparición física, porque sus discípulos, los que simpatizaron con él, mantuvieron vivas sus ideas.

Otro motor intelectual fue Esteban Echeverría, un poeta quizás poco recordable, pero un prosista original que es capaz de escribir un relato estremecedor como *El matadero*, en el que se plasma el enfrentamiento feroz entre unitarios y federales. Echeverría recoge de Europa una cantidad de ideas que estaban en el ambiente y las traslada a su patria, intentando asociar un núcleo de gente joven no adscripta a ninguno de los bandos que en ese momento se entremataban para superar esa violencia política, retornar al espíritu de Mayo y darle un acento propio en todos los campos, sobre todo en el cultural, a esta nación. También en este caso el destino del intelectual fue triste, por su prematuro final. Echeverría muere muy pobre en Montevideo, pocos meses antes del pronunciamiento de Urquiza, que él había vaticinado o promovido de algún modo, ya que le había mandado cartas explicándole por qué debía sublevarse contra Rosas. También de Echeverría quedó un núcleo de intelectuales más o menos fieles a su testamento político. Ellos son los que, dejando atrás las divisiones de unitarios y federales, tratan de construir el país sobre otra base y un pensamiento no beligerante.

Echeverría escribió el Dogma socialista. *¿Qué significaba socialista o socialismo en el Río de la Plata en la mitad del siglo pasado?*

En verdad, son palabras que no se entendieron mucho acá, a las que no se les dio la significación que tuvieron más adelante. Echeverría se basaba en ideologías y en arquetipos extraños al país, pero que a él le parecían convenientes. No dudo de que llegó de Europa con las preocupaciones sociales que circulaban por el continente, pero leyendo el *Dogma socialista* se advierte que la palabra no remite exactamente a lo que en Europa empezaba a llamarse "socialismo". Muchos de los puntos que componen este cuerpo de ideas no se cumplieron y sospecho que ni siquiera tenían intención de cumplirse, pero armaron una doctrina que agrupó y motivó a mucha gente joven. Es probable que la intención de Echeverría, al principio, fuera la de crear un núcleo intelectual que fuera sostén de Rosas y, al mismo tiempo, lo contuviera. Supongo que intentaba respetar el esquema del gobernante patriarcal y autoritario, pero asistido por un núcleo de intelectuales que le fueran marcando rumbos a seguir, para delimitar aquello que legalmente podía o no hacerse. Pero Rosas desconfiaba de ese grupo; hay que reconocer que no les dio ni cinco de corte... Y tuvo olfato: realmente, todos ellos eran en el fondo opositores a Rosas.

Es muy interesante. Gente que cree que se puede modificar un comportamiento político desde las entrañas mismas del poder, no desde la oposición.

Sí, yo estoy convencido de que fue así. Lo cual era inteligente porque en vista de que el poder de Rosas era incontrastable, como su popularidad, y había obtenido logros importantes, era bastante lógico que un grupo de jóvenes pensantes supusiera que podrían ponerse bajo el ala del poder, influirlo y conseguir algunas de las modificaciones a las que aspiraban.

¿Echeverría y los suyos se autodenominaban federales?

No, no se autodenominaban nada. Al contrario, uno de los primeros puntos del *Dogma socialista* dice "abjurar de las querellas en las que está envuelta la patria", es decir que intentaban colocarse por encima de los conflictos políticos. Sarmiento en el *Facundo* es bastante representativo de estas ideas, de esta forma de ubicarse más allá de las disputas, cuando él, a quien no podemos caratular como federal, ridiculiza a los unitarios y los describe como gente que está totalmente ajena a su realidad.

¿Rosas los dejó de lado y ellos no pudieron influir porque los reemplazó por algún otro grupo o porque no necesitó o no quiso ningún asesoramiento intelectual?

Rosas desconfiaba de los intelectuales, sobre todo porque veía que era gente muy influida por ideas europeas, lo que le producía escozor. Él decía basarse fundamentalmente en una realidad, que era la de su país, buena o mala. Lo que llegaba de afuera —hay que reconocer que tenía cierta razón— le parecía siempre teorías, ilusiones que no harían sino alborotar el ambiente. Lo dice bastante claro en su Carta de la Hacienda de Figueroa, remitida a Facundo Quiroga, cuando habla de una posible convención constituyente y de su inoportunidad, porque caería en manos de los unitarios. Sustituya la palabra unitarios por intelectuales o liberales y estamos ante la misma clase de desconfianza. Él confiaba en su propia intuición nada más y durante muchos años no le fue tan mal.

Hay que reconocer que Rosas hizo escuela, porque toda la historia argentina parece marcada por una es-

pecie de sospecha entre políticos e intelectuales, como si les fuera muy difícil trabajar juntos.

No tanto... No sé si estoy tan seguro de su afirmación. Urquiza se rodeó de hombres que podríamos llamar intelectuales, Roca también. Yrigoyen, si bien no puede decirse que estuviera rodeado de intelectuales, tenía un gran respeto por ellos y por la gente joven que estudiaba y tenía ideas. Un autor anarquista, José Gabriel, marca entre las características del gobierno de Yrigoyen la importancia que le daba a la gente joven y cómo siempre le reservaba lugar dentro de su gobierno. Perón evidentemente no tuvo interés en rodearse por intelectuales y éstos, a su vez, se mantuvieron apartados de su gobierno y hostiles en general. En el caso de Alfonsín sabemos que él tuvo un grupo asesor importante de intelectuales; pudo haberse equivocado o no en la elección de ellos o de sus ideas, pero lo cierto es que los tuvo en cuenta.

Dijo que nombraría a tres intelectuales del siglo XIX. ¿Cuál es el último?

Juan Bautista Alberdi, desde ya. Fue un hombre que no tuvo ninguna actuación política destacada en el país ni fuera de él (apenas una representación diplomática); sin embargo, sus ideas influyeron decisivamente, no sólo en la sanción de la Constitución, sino en las políticas que se instrumentaron después. Es interesante: hay políticos que incluso lo odiaban, pero que no pudieron omitir su pensamiento, como fue el caso de Bartolomé Mitre, por ejemplo.

¿Nunca lo tentó un cargo político?

No, una vez lo eligieron, pero él renunció; en el '80 también lo eligieron diputado por Tucumán, pero desistió. Sus únicas funciones fueron diplomáticas en Europa, después de Caseros. Pero lo fundamental es cómo pesó su pensamiento en los años de la organización nacional. Y pesó mucho por la simple razón de que sus propuestas institucionales eran muy adecuadas a la realidad de la época y a las necesidades del país. A cualquiera se le podía ocurrir que el país necesitaba inmigración, ferrocarriles, garantías jurídicas, capitales, pero él armó un cuerpo de ideas de una manera muy brillante y muy coherente. Para la puesta en marcha del país fueron vitales las *Bases y puntos de partida para la organización nacional*, como también todos sus trabajos posteriores. Sin ir más lejos, el gobierno de Roca fue una aplicación casi al pie de la letra del pensamiento de Alberdi.

Si no ejerció la política desde un cargo concreto, ¿desde qué lugar influyó tanto Alberdi?

Desde el periodismo y desde la literatura. Alberdi hizo el mismo camino de Sarmiento. Cuando llega a Buenos Aires, después de Caseros, lo hace precedido por su fama como literato y como pensador, lo que le otorga un *background* bastante importante. No se había metido en política hasta ese momento, salvo la muy lugareña de San Juan, en tiempos bastante remotos. Pero no parecía imprescindible: en esa época había realmente un respeto por la gente de pensamiento.

Moreno, Echeverría y Alberdi arman entonces el trío de intelectuales sólidos del siglo XIX. ¿Hay hombres de peso parecido en el XX?

No, desgraciadamente no tanto. Sólo algunos hombres que tuvieron importancia. Alejandro Bunge, por ejemplo, que desde la economía diseña un nuevo país, si se quiere. Algunas de sus ideas son recogidas por gobiernos posteriores, como el de Perón. No en su totalidad, seguramente, pero sí algunas de las más practicables, como la descentralización económica.

¿Fue ministro de Economía?

No, no tuvo tampoco ningún cargo. Influyó siempre desde una revista de economía que él mismo fundó, que duró muchos años y que fue muy original porque ahí coincidió un cuerpo de hombres importantes que pudieron transmitir su opinión desde esas páginas. Si me pregunta por otro nombre, yo le diría que tuvo importancia también Ricardo Rojas. No en la medida de un Alberdi o de un Sarmiento, pero fue un intectual que con su orientación nacionalista logró reencauzar un pensamiento que tal vez estaba un tanto deformado por el cosmopolitismo de Buenos Aires. Es oportuno nombrar también a Ezequiel Martínez Estrada, que dejó huellas en el campo literario y en la interpretación de la política de su tiempo, muy crítica del peronismo. Desde luego, éstos van muy a la zaga de la influencia que pudieron haber tenido los hombres que actuaron en el siglo anterior. Tal vez porque el país era mucho más chico, menos complicado y las marcas que podía dejar una cabeza pensante eran más notorias.

Retomemos nuestra definición clásica de "motor": el hombre que ejecuta políticas. ¿A quién deberíamos señalar luego de Julio A. Roca?

Sin duda, a Hipólito Yrigoyen, un político que desde la nada construye no sólo un partido, sino un movimiento de opinión que logra que formas electorales muy viciosas y muy fraudulentas se transformen de manera que el pueblo se exprese libremente a través del voto universal, garantido, obligatorio y con representación de las minorías.

¿Por qué desde la nada, si el Partido Radical ya existía y había sido fundado por Leandro Alem?

Sí, pero después del suicidio de Leandro Alem, prácticamente el partido se había disuelto, y muchos dirigentes habían migrado hacia otros partidos o se habían retirado a la vida privada. El radicalismo existía, pero casi de nombre, formalmente, sin acción partidaria. Yrigoyen es el que reconstruye el partido, desde los primeros años del siglo, hasta lograr en 1904 la reunión de una convención nacional que fue muy importante, porque virtualmente ordenó la Revolución de 1905. El radicalismo logra en ese momento conmover al país: no triunfa, pero, indudablemente, tomar Bahía Blanca, Córdoba, Mendoza y Rosario con fuerzas civiles y militares daba cuenta de la fuerza y la consolidación de una estructura que nadie conocía en su exacta dimensión hasta ese momento.

¿Qué piden los radicales por medio de esa revolución?

Hay una cantidad de postulaciones retóricas, pero virtualmente lo que piden es libertad electoral.

¿Militares involucrados en una demanda de democracia?

Sí, muchos. Muchos que fueron condenados y confinados en Ushuaia y que después volvieron cuando se sancionó la ley de amnistía.

¿Qué formación tiene Yrigoyen? ¿Qué sabe para empezar a hacer política?

Yrigoyen era un político nato y cuando se es político nato, no se precisa una formación muy especial. Primero crece bajo el ala de su tío, Leandro Alem, aunque pronto tiene disidencias importantes con él. Luego de la muerte de Alem, Yrigoyen se va convirtiendo en jefe del partido a través de una acción constante, persistente, típica de alguien muy tenaz. Eso era lo que diferenciaba a Yrigoyen de otros dirigentes partidarios: su tenacidad. Mientras muchos se dedicaban a sus negocios o a viajar a Europa, Yrigoyen seguía día tras día construyendo su partido, hablando con la gente, enfervorizando, conspirando si era necesario. Era un verdadero político *full time*.

¿Antes de llegar a presidente se había fogueado ya en otros cargos?

Muy joven fue diputado provincial y después diputado nacional en el '80. Luego no tiene ningún cargo. Incluso, cuando le ofrecen en 1912 ser candidato a senador por la Capital Federal —donde iba a triunfar, sin duda— rechaza casi airadamente este ofrecimiento. Aunque no lo crea, también tuvieron que insistirle con su candidatura presidencial; aparentemente, se resistía a aceptarla. Digo aparentemente... En el fondo, descuento que pensaba otra cosa.

Yrigoyen accede a la presidencia en 1916, en las primeras elecciones realmente libres para ese cargo. ¿Qué margen de maniobra tenía para gobernar? Porque desde medio siglo atrás, el país se venía gobernando con el mismo modelo político y económico. ¿Cómo hizo para desmontarlo?

Yrigoyen no desmontó lo que había porque estaba de acuerdo con ese modelo. Nunca lo atacó. Hay unas proclamas en la Revolución de 1905 donde parecería que se vierten ciertos cuestionamientos al régimen en el aspecto económico-social; pero la verdad es que Yrigoyen estaba totalmente de acuerdo con la Argentina tal como era, salvo en lo que concernía a aspectos de justicia social, que podrían ajustarse, y salvo, por supuesto, en la limitación electoral que persistió hasta 1912. Yrigoyen asume la presidencia sin tener mayoría en la Cámara de Diputados ni en la de Senadores y con casi todas las provincias en contra, menos Entre Ríos, Santa Fe y Córdoba. El panorama no era sencillo. Él pudo, tal vez, dar un golpe sobre la mesa y terminar con esas situaciones: disolver el Congreso o intervenir las provincias, pero lo asistía una actitud legalista que le impedía llevar al extremo el aliento revolucionario una vez que él había sido elegido presidente. Entonces, gobernó como pudo. Años más tarde obtuvo mayoría en Diputados e intervino algunas provincias conservadoras, pero el peso del Senado opositor lo acompañó siempre, incluso en su segunda presidencia. Buscó sortearlo lo mejor posible y puso en juego todas sus habilidades políticas para ganarse algún apoyo. Pero el Senado fue siempre un reducto de opositores.

Entonces, ¿cómo convenció a la gente para que lo votara en 1916? Si la legitimidad del voto universal ya había sido otorgada por Sáenz Peña en 1912 y el radicalismo no proponía un modelo nuevo de país.

Eduardo Mallea en su libro *El sayal y la púrpura* dice algo muy interesante. Consigna que en esa época, alrededor de 1912, había un gran anhelo de renovación en el país y que de esa renovación se encargaron, porque se comprometieron con ella, hombres como Yrigoyen, que aparecía limpio ante los ojos de todos por no haber aceptado nunca componendas políticas, ni cargos como retribución de presuntos favores. No se olvide de que incluso cuando Sáenz Peña le ofrece algún cargo en su gabinete lo rechaza, diciendo que el radicalismo no quiere prebendas sino que el pueblo vote. De modo que esa renovación, esa pureza en los métodos, encarnaba en Yrigoyen y en su partido. Eso hizo que mucha gente lo votara, incluso la que no era estrictamente radical, ansiosa de cambiar las cosas.

¿Fue un triunfo arrollador?

En 1916 fue un triunfo cómodo; en 1928, arrollador.

El país que recibe Yrigoyen es el que forjaron la Generación del 80 y los conservadores. ¿Qué país deja?

En 1922 deja un país que en sus estructuras generales no había variado mucho. Pero es un país con mayor conciencia social, con sindicatos que ya no eran anarquistas y, muchos de ellos, ni siquiera socialistas, sino que estaban en la línea de mejoramiento de la clase obrera y nada más. Deja un país con conciencia de su soberanía gracias a haber forjado una política internacional muy independiente. Deja un país con una conciencia de democratización muy grande que se verifica no solamente en el juego de los partidos políticos, sino en medidas como la Reforma Universitaria, que implica, en última instancia, la democratización de la universidad. Esos tres ya son logros bastante importantes. En el resto, Yrigoyen no toca las cosas. Tenía un buen concepto, por ejemplo, del papel que habían jugado y jugaban aún los capitales ingleses; jamás objetó la injerencia de éstos en el tendido de los ferrocarriles. Hay un episodio revelador: el presidente Marcelo T. de Alvear, en los últimos meses de su gestión, rebaja por decreto las tarifas de algunos ferrocarriles, por considerarlas abusivas. Los ferrocarriles, por supuesto, recurren a la Justicia y meses después, cuando accede Yrigoyen a la segunda presidencia, deja sin efecto esta rebaja de tarifas por decreto. En alguna medida, Alvear fue más revolucionario que Yrigoyen en este aspecto. Es que Yrigoyen, como hombre del '80 que era, tenía una idea muy clara del papel que correspondía a los capitales extranjeros y sobre todo a los ingleses. Tenía alguna reticencia con los capitales americanos, pero no con los ingleses; con ellos el país tenía una vieja relación de entendimiento. La prueba es que los embajadores británicos en la Argentina siempre hablaron bien de Yrigoyen y se alarmaron ante la posibilidad de su derrocamiento.

¿Por qué el de 1928 fue un triunfo mayor que el de 1916? ¿Había nostalgia por ese país que legó, la presidencia de Alvear no había sido buena?

No, la presidencia de Alvear no fue mala. Lo que ocurre es que los adversarios de Yrigoyen en el '28 representaban el conservadurismo más crudo. Melo, Gallo, aunque fueran de origen radical, se habían aliado con los conservadores y si algo no quería el país era volver a la época conservadora. De modo que Yrigoyen, con el buen recuerdo de su gobierno, con la idea de ese espíritu criollo de la honorabilidad, con su gestión de gobierno de orientación nacional, ganó lo que sus partidarios llamaron después "el plebiscito", porque sacó más votos —el doble— que todos sus adversarios juntos. ¿Pero sabe qué pasa? Que estos triunfos tan contundentes suelen ser regalos envenenados, porque en una democracia no es bueno que ocurran estas cosas. Porque las fuerzas opositoras que tienen restringido papel dentro del juego político buscan otros resquicios cuando ven que se les cierran todas las salidas porque hay alguien que está taponando todo con su inmensa popularidad. Y bueno... buscan llegar al poder por otros medios, como realmente sucedió.

¿Habla del golpe militar de 1930?

Claro. En alguna medida, fue lo que pasó también en 1955, cuando derrocaron a Perón.

Me gustaría que habláramos más adelante de los golpes de Estado. Centrándonos en las presidencias de Yrigoyen, creo que se detectan algunas zonas oscuras y polémicas. Estoy pensando en la Semana Trágica de 1919 y en los fusilamientos de la Patagonia de 1921. ¿Como se inscriben esos dos episodios dentro del panorama de democracia amplia que usted está describiendo?

Son dos episodios graves, quién lo duda, pero no marcan una tendencia ni son representativos de lo que era la política de Yrigoyen. Fue una excepción, una lamentable excepción. La Semana Trágica fue un reclamo obrero que desató un conjunto de circunstancias desafortunadas, de malos entendidos y agravó el temor que había en la sociedad argentina por el comunismo, que dos años antes había conseguido su triunfo espectacular en Rusia. Esto, más un matiz de antisemitismo, un interés clasista muy acentuado e Yrigoyen que pierde el control de la represión, culmina en un conflicto grave. Sobre todo porque la represión contra los supuestos actos subversivos que se producirían queda a cargo de unas bandas de niños bien a las que arman en el Círculo Naval y que se lanzan por las calles a hacer todo tipo de tropelías. En cuanto el general Dellepiane, jefe de la guarnición de Campo de Mayo, tomó el control de la capital, todo eso se acabó. Desde luego, estos actos de barbarie no fueron instigados por Yrigoyen. Algún radical puede haber estado metido en esto, pero no Yrigoyen.

¿Tampoco instigó los fusilamientos de la Patagonia?

Las huelgas obreras de la Patagonia terminaron sangrientamente. Todo eso ocurrió favorecido por la enorme distancia, la falta de comunicaciones y la desmesura de un jefe como el coronel Héctor B. Varela, que creía que detrás de las reivindicaciones que planteaban los trabajadores estaba la mano de Chile. Varela actuó entonces con extrema dureza, sin instrucciones de Yrigoyen. Pero debemos admitir que Yrigoyen después tapó semejante acción, no quiso meterse, quizás porque advertía, con razón, que no estaban dadas las condiciones en el Ejército como para hacer una investigación a fondo. Él interpretaba que estos sucesos habían ocurrido en el extremo sur de la Argentina, muy poca gente se había enterado, eran muchos los que cargaban con el prejuicio del anarquista tirabombas (hubo extranjeros y anarquistas a la cabeza de estos movimientos) y con su realismo de siempre sentenció: lo que pasó, pasó y a otra cosa. Le repito, por lamentables que hayan sido estos episodios, no representan tendencialmente lo que es la política de Yrigoyen.

En lo que respecta a su vida privada, Yrigoyen es un personaje con rasgos casi míticos: silencioso, seductor... ¿Era así, realmente?

No pronunciaba discursos. Por algún motivo personal que no conocemos, se manifestaba públicamente escasas veces. Prefería que sus actitudes hablaran por él. En realidad, era bastante difícil hablar en nombre del partido, porque más que un partido era un movimiento que estaba compuesto por corrientes muy heterogéneas. En el radicalismo convivían el estanciero de la provincia de Buenos Aires, obreros, artesanos, la incipiente clase media... gente de intereses muy diversos. Era más fácil, para el presidente, hablar por sus hechos. Esta modalidad personal llamaba la atención y molestaba tanto a simpatizantes como a opositores, pero no es en sí criticable. Hay presidentes charlatanes y otros menos locuaces. También su vida privada mereció objeciones y llegó a ventilársela con muy poco buen gusto, en un país donde la vida privada de los presidentes no es materia de crítica política. Yrigoyen era un gran seductor.

¿Siempre soltero?

Siempre soltero. Era un gran seductor: no en vano, recibiendo casi de a uno a la gente, día tras día, mes a mes, año tras año, logró formar un partido tan sólido y tan compacto como el que resultó el radicalismo cuando él llega al gobierno. No escribía; cuando lo hacía era pésimo, porque su redacción era casi incomprensible. No asistía a las reuniones partidarias, ni hacía casi campaña política. Estuvo en algunos mítines, pero siempre mostrándose con avaricia, sin pronunciar jamás un discurso.

No puede haber un estilo más diferente del de Perón, ¿no es cierto?

Era otro país también. Era posible, seguramente, que hablando con algunos dirigentes y con no muy numerosos representantes de cada sector se pudiera ir tejiendo acuerdos y forjando la opinión pública, sin necesidad de hablar directamente a las masas.

Acaba de evaluar la figura de Yrigoyen, y nos estamos aproximando a personajes cercanos en el tiempo, casi contemporáneos. Me pregunto si se complica la tarea del historiador cuando debe dar juicios de este tipo. ¿Se pone en juego su objetividad?

Es un problema en el sentido de que, para comprender un hecho histórico, se necesita tener una perspectiva histórica; pero la perspectiva se puede tener respecto de hechos que han ocurrido ayer también. Desde luego, para que esto ocurra, se necesita desprenderse de los prejuicios y las pasiones; no digo de la ideología porque eso es imposible: uno no tiene por qué desprenderse de ella, pero sí de una serie de aditamentos de tipo subjetivo y hasta emocional. Si el historiador logra eso, entonces tendrá la perspectiva suficiente como para entender un hecho y juzgarlo.

Usted plantea algo parecido a la asepsia. ¿Es posible ese desprendimiento realmente?

No, no es exactamente asepsia; no podría existir asepsia en una disciplina humana como ésta. Pero es imprescindible tratar de que la honradez, en la medida que uno pueda tenerla, funcione. Desde luego, es más difícil hablar de Perón que de Federico Barbarroja, no lo dude.

No, no lo dudo. Por algo la historia de los durísimos años '70 está por escribirse todavía.

Lo que hay de esos años es, por el momento, testimonios parciales, no digo libelos ni panfletos, pero sí obras cargadas de gran subjetivismo de un lado y del otro. Falta elaborar, procesar todo eso. Lo que veo es apenas la materia prima con la cual trabajarán los historiadores en el futuro.

Acerquémonos a nuestros contemporáneos entonces. ¿Después de Yrigoyen pensaríamos en Juan Domingo Perón?

Evidentemente. Perón es otro motor decisivo porque encarnó una serie de valores que estaban latentes en esa época en la sociedad argentina, pero a los que les faltaba un vocero que los articulara y, sobre todo, que los impusiera como ideas-fuerza. La idea de justicia social venía de mucho antes, desde luego. Desde la lucha de los socialistas concretada en el campo parlamentario a través de muchas leyes; venía del propio Yrigoyen que de una manera quizás inorgánica pero efectiva ejerció una suerte de justicia social; y también de los grupos, algunos profascistas y otros católicos, que, en la década del treinta, se preocuparon por este tema. Perón tomó todo esto, lo reprocesó incluso con algún ingrediente del fascismo italiano y planteó una suerte de redistribución de la riqueza que en ese momento el país podía darse el lujo de realizar.

Por otro lado, las ideas de Perón acerca de la lucha contra el imperialismo o por la independencia económica —que fueron puramente retóricas porque nunca se concretaron en los hechos— satisfacían sentimientos y vivencias muy profundas de los argentinos, que nutrían el orgullo nacional por la concreción de un país que era realmente importante, sin duda el más importante de América latina. No es casual entonces que la mayoría recibiera con beneplácito el enfrentamiento con Estados Unidos que protagoniza Perón muy demagógicamente en el '45 y en el '46, ya que había sabido canalizar ciertas emociones de la sociedad. De este modo, Perón encarna por lo menos dos valores importantes que estaban flotando en la atmósfera de su tiempo, pero que aún no se habían plasmado operativamente. Para que esto ocurriera, se necesitó de un contexto muy especial: el estado de plena ocupación que vivía el país, la acelerada sustitución de importaciones a causa de la guerra y de la posguerra, la avidez de los países europeos por los productos primarios argentinos para satisfacer las necesidades de las masas empobrecidas durante la guerra y el papel que había desempeñado la Argentina durante la mayor parte del conflicto y posteriormente, conservando cierta independencia y hasta enfrentándose con Estados Unidos. Todo eso se combinó y Perón pudo encararlo.

Sin embargo, en pocos años, empezó a rectificar el rumbo. Pero yo creo que los motores de la historia, como los llama usted, si tienen una virtud es la de interpretar los difusos deseos que existen en un momento determinado. Y Perón los interpretó. Lo hizo además con un lenguaje accesible, popular, casi chabacano si quiere, pero que llegaba a la gente, sobre todo con el auxilio de un instrumento técnico inexplotado hasta entonces como era la radio, que acercó su voz a todos los confines del país.

Yo recuerdo al Perón de su tercer y último gobierno y tengo la sensación de que era ideológicamente inasible. ¿Perón fue un hombre de derecha, de izquierda, un progresista?

Dudo que Perón haya tenido una ideología. Por sobre todas las cosas resultó un pragmático que se fue adaptando a las circunstancias según éstas lo requerían. Cuando accede al poder, en la temprana posguerra, está en condiciones de llevar adelante el programa que acabo de describir, porque las circunstancias nacionales e internacionales lo hacen posible. Cuando luego las cosas cambian, cuando no se produce la tercera guerra mundial, que él esperaba y predecía, cuando la política estatal del IAPI desalienta al campo y las cosechas se hacen muy pobres y las exportaciones decrecen mucho, cuando Europa ya puede prescindir de nuestras exportaciones porque produce lo que necesita, ayudada por supuesto por el Plan Marshall, y cuando además es evidente que la infraestructura económica que ha montado Perón no alcanza para sostener la justicia social de manera permanente, entonces es cuando empieza a rectificar muy sutilmente estas tendencias. Cuando firma el contrato con La California para que esta compañía extranjera extraiga petróleo nacional, cuando el Congreso de la Productividad busca poner límites a las demandas obreras, cuando empieza a restringir las políticas que alentaban la justicia social y que había llevado adelante exitosamente en los cuatro primeros años de su gobierno. Ya hemos hablado de todo esto.

Yo diría que Perón no tenía una ideología. Vagamente era un nacionalista; tenía una gran gama de recursos a los que apelaba sin ningún escrúpulo político y, más que a una ideología, estaba apegado a algunos objetivos no demasiado claros hacia los cuales se dirigía con políticas que podían ser cambiantes. El ejemplo más claro es su trato con la Iglesia. Al principio de su gestión, no hay otro gobierno que haya estado tan cerca de la Iglesia Católica como el suyo (sólo basta ver la forma en que se impuso la enseñanza religiosa); al final de ella, la hostilidad con la Iglesia no puede ser mayor.

Hay quienes dicen que, en realidad, Perón cae más por sus virtudes que por sus defectos, en el sentido de que la redistribución del ingreso que se había producido en el país era vivida como una amenaza por la burguesía, por ejemplo.

No creo que sea así. La redistribución del ingreso se hizo y llegó a su punto culminante en el año '50, aproximadamente, y no pasó nada: nadie se mosqueó demasiado. Yo creo que hay otras razones para la caída de Perón: es su aislamiento de la sociedad. Perón había montado una estructura en la que parecía que nada malo podía ocurrir porque el Estado iba a estar siempre proveyendo, sosteniendo. Sin embargo, bien pronto se vio que esa estructura era una cáscara vacía, llena sólo de la omnipotencia con la que la alimentaba Perón y que más temprano que tarde falló, como era previsible que fallara.

¿A qué se refiere cuando habla de aislamiento? ¿Perón trabajaba solo, no aceptaba asesoramientos?

Me refiero a que Perón se aisló de la intelectualidad, de la universidad, de la gente independiente, de algunos sectores muy puntuales a los que perjudicó arbitrariamente. Por ejemplo, los propietarios de casas de rentas, que de pronto se encontraban con que los alquileres estaban congelados; o los propietarios de campos, a los cuales también los arrendamientos les habían sido congelados; o un Ejército que en buena parte se sentía muy molesto por la corrupción que había en las altas cúpulas de las Fuerzas Armadas, a las que se halagaba regalándoles automóviles, facilitándoles permisos de importación, etcétera. Todo esto fue creando un ambiente que, sumado a la falta de libertad de expresión política, provocó el malestar y la reacción de mucha gente. No creo entonces que fuera la mentada redistribución del ingreso el factor que alentó su caída, sino la actitud desdeñosa hacia tantos sectores que tenían importancia en la vida argentina: los partidos políticos, por empezar.

¿Usted diría que Eva fue por sí misma un motor de la historia o que Perón pudo motorizar cosas gracias a la presencia de ella?

Ni una cosa ni otra, me parece. Eva empieza a tener relevancia política recién en el año '49 y varios de los hitos de Perón ya habían sido construidos. Evita agrega, sí, un tono, un aire, una dinámica, una fuerza particular y hasta un fanatismo, si se quiere, que en última instancia fue contraproducente, porque contribuyó a poner al opositor entre la espada y la pared. De modo que la presencia de Evita tiñe al peronismo con un tono indeleble, pero no es ella la que crea esencias ni define realizaciones concretas.

Le repito una pregunta que ya le hice sobre otros. ¿Qué país deja Perón?

Un país con una enorme masa de adherentes que, aferrada al recuerdo de la época feliz que Perón le había permitido vivir, lo sigue de una manera incondicional, rayana en el delirio. Y esto es un sino que va a incidir sobre las décadas siguientes, perturbándolas. ¿Qué democracia auténtica se puede instalar cuando la mitad del electorado está proscripto? Parecía un problema insoluble porque las masas seguían siendo peronistas y las Fuerzas Armadas, que habían llevado adelante la Revolución Libertadora, no podían permitir nada que implicara la resurrección del peronismo. Entonces, repito, ¿qué democracia se podía construir sobre esa base? No sé qué otras soluciones podría haber habido que no fueran las que se aplicaron: proscripción, anulación de elecciones, etcétera.

No sé. Es muy difícil trabajar sobre hipótesis frustradas o improbables, pero imagino que siempre es mejor que existan candidatos de todos los partidos y que la gente pueda elegir libremente.

Lo eficaz para nuestra historia habría sido que el peronismo hubiera podido mostrar más flexibilidad. Pero no la había. En primer lugar, por la posición que mostraban los sectores radicalizados del peronismo. Estamos hablando del '55 en adelante, cuando personajes como John William Cooke, delegado de Perón, se veían tan intransigentes. No creo que Perón lo fuera tanto. Él estaba dispuesto a negociar algunas cosas, aunque siempre guardándose el as en la manga. El mismo Frondizi creyó en la posibilidad de negociar con Perón: él pensaba que Perón iba a declarar la abstención en las elecciones de la provincia de Buenos Aires en 1962. Eso hubiera salvado al gobierno. El peronismo no se abstuvo, ganó su candidato, Andrés Framini, y ahí se armó.

Pero, de acuerdo con su planteo, Perón deja un país condenado a la ilegitimidad política.

Exacto, lo cual es muy grave.

Es un análisis lapidario. ¿Puede ser sólo responsabilizado Perón o todas las fuerzas políticas, incluidos los militares, que no se privaban de hacer política?

Le concedo, es posible que Perón no haya deseado esto. Pero lo real fue que esto ocurrió. Por eso fíjese que Frondizi levanta tres banderas: el desarrollo económico, el equilibrio social y la integración del peronismo en la vida política, algo que pedían todos los partidos, pero que cuando intenta concretarse en las elecciones de la provincia de Buenos Aires de 1962 desata la catástrofe institucional. Frondizi aspiraba a que el peronismo ingresara de una manera gradual y tal vez algo emparchada en la vida institucional. Fue el primero que lo intentó, pero fracasa. No podía ser de otro modo, porque estaba entre dos fuegos: el peronismo proscripto, expresado por el movimiento obrero, y las secuelas de la Revolución Libertadora, liderada por las Fuerzas Armadas, que seguían vigilantes de que no pasara nada que pudiera significar una vuelta del peronismo. El sendero por donde transitó Frondizi no podía ser más estrecho.

Antes de continuar con Frondizi, quiero insistirle en que me parece parcial un balance sobre el país que dejó Perón en el que sólo pesen las marcas de la ilegitimidad política.

No, no fue sólo eso. Perón dejó por supuesto inserta en la sociedad argentina la idea de la justicia social, así como el conservadurismo dejó impregnada en la tabla de valores de los argentinos la idea del progreso, y el radicalismo, la idea de la democracia. Yo creo que cada líder importante deja algo en esa cosa inmaterial y difícil de definir que es la tabla de valores con la que se maneja cada país. Y en este sentido, esta idea de Perón —la haya realizado o no, la haya puesto en marcha con viabilidad a largo plazo o no— quedó instalada en el corazón y la mente de los argentinos para siempre.

Aunque me parece honesto señalar también los límites de esa propuesta de justicia social. Porque Perón montó una infraestructura que no podía mantenerse por un largo tiempo. Pensemos, por ejemplo, en la jubilación. Todo el mundo jubilado, sí; pero ¿de dónde salía la plata? Por eso pronto reventó el sistema jubilatorio. Estaba y está bien que la gente cuando llega a determinada edad pueda descansar, pero si no hay finanzas sanas, si no se hacen las previsiones económicas indispensables, todo queda en meras promesas y lo único real es el fracaso de las expectativas de la gente. De eso también es responsable Perón.

Creo que no debo eludir otros conceptos no complacientes con Perón. Porque en esto es evidente que intervienen también juicios relativos a la ideología de cada uno. Yo soy un hombre democrático, creo en la libertad, creo en la tolerancia con el adversario y, en consecuencia, no puedo menos que condenar todo lo que hizo Perón en contra de estos principios. El suyo fue un gobierno autoritario, innecesariamente. Perón, en uno de los discursos que pronunció después del 16 de junio y antes, por supuesto, del 16 de septiembre del '55, dijo: "Yo he dejado de ser el jefe de una revolución". En algún momento agregó: "Fueron necesarias algunas restricciones de la libertad en aras de esta revolución". A mí me parece que no hubieran sido necesarias estas restricciones: él podría haber hecho lo que hizo sin necesidad de enjuiciar a la Corte Suprema, o echar diputados, o cerrar diarios, o meter presos a opositores cuyo delito era ése: oponérsele. Entonces hubiera sumado medidas de gobierno y logros con una autoridad moral mucho mayor. Pero ahogó el debate político, cercenó libertades y la oposición levantó la bandera de la libertad y de las formas republicanas, que estaban evidentemente avasalladas por el gobierno de Perón. La lucha política se hizo mucho más dura.

Siempre tuvo un caudal importante de votos y las cámaras a favor. ¿Por qué ese plus innecesario?

Es lo que yo le pregunté a Perón cuando lo entrevisté en Madrid en 1968, cuando estaba escribiendo *El 45*: "No entiendo por qué usted, que consiguió un apoyo popular incondicional y permanente, que logró el apoyo de las Fuerzas Armadas y de la Policía, que nucleó alrededor del Estado que usted construyó a las universidades, el periodismo, el deporte, la educación, todo... tuvo la necesidad de ser tan duro con la oposición."

¿Y qué le contestó?

—¿Yo, duro? —dijo—. *Pero no, si se votó con más libertad que nunca.*
—No, pero yo aludo, por ejemplo, a la exclusión de los diputados.

—Bueno, este muchacho Sanmartino dijo alguna cosa de mi mujer y otros muchachos de ahí y de acá...

—Pero usted hizo torturar.

—¿Torturar? ¿Cuándo?

—A mí me torturaron, General —le refuté—.

Pero Perón tenía su mundo propio o fingía tenerlo.

De Perón se dice, como se dice de Carlos Menem también, que era un gran seductor. ¿Sintió eso en la entrevista?

No, no sentí que Perón fuera un seductor. Pensé que podía seducir con su verborragia a alguna gente que ya estaba proclive a ser seducida. Pero cualquier persona lúcida, razonable y con un poco de conocimiento de lo que había pasado eludía esa presunta seducción.

¿Cuántas veces lo vio?

Una sola vez, por varias horas, para entrevistarlo por el libro. Al día siguiente fui a saludarlo y a despedirme.

¿Y qué imagen se llevó?

La imagen de un militar argentino.

¿Y eso qué significa?

Significa que era un hombre cortés, disciplinado, no digamos austero, pero sencillo en sus costumbres y muy esquemático en su pensamiento.

¿Usted iba con una batería de preguntas, con la intención de que él le explicara puntos que a usted le parecían polémicos de su llegada al poder?

115

Exacto.

¿Y le satisficieron las respuestas?

Algunas de ellas sí, otras no. Algunas de esas respuestas no eran ciertas. Pero, bueno, ésas eran las reglas del juego. Yo tampoco podía pedir que hablara conmigo como con la Madre Teresa, ¿no le parece? Era un político y, en consecuencia, había cosas que ocultaba y otras que tergiversaba. Pero los dos respetamos las reglas del juego.

¿Pudieron estar solos durante la entrevista o había testigos?

Sí, estuvimos solos, desde las ocho de la mañana hasta la una de la tarde. Incluso en algún momento vino el peluquero y Perón me dijo: "Mire, sigamos conversando, aunque el peluquero me tenga que cortar el pelo". Y así lo hicimos. Me convidó con un café. Hablamos largo y no sé si cordialmente, pero sí de una manera serena y muy sencilla.

¿Le había sido fácil conseguir la entrevista?

El que me consiguió la entrevista, en realidad, fue Jorge Antonio. Yo le había escrito a Perón pidiéndole una entrevista; y él me contestó sobre la marcha, cuando yo estaba viajando a España para conseguir la entrevista sí o sí. Era sobre fin de año y él estaba en realidad en vacaciones, en la sierra. Entonces hablé con Jorge Antonio, cuyo teléfono me había dado el que sería el editor del libro, Jorge Álvarez, y Jorge Antonio estuvo muy amable conmigo: nos invitó a comer, a mí y a mi mujer, y fue él el que terminó gestionando la entrevista. Así fue como me encontré a solas con Perón en Puerta de Hierro. No la vi a Isabel y no sé si en esa época ya fungía López Rega, pero yo no lo vi.

¿Usted fue emocionado, inquieto, pensando si ese hombre iba a coincidir con la imagen que usted tenía de él?

No, fui con la actitud de un historiador, o si se quiere, de un periodista, y con una serie de preguntas que yo suponía que podía contestar sólo a medias. Fui con un grabador que me prestó Jorge Antonio y que yo no sabía usar, y que puso el mismo Perón. Debo tener la cinta de la grabación por ahí, todavía.

¿Por qué creía que Perón iba a contestar sólo a medias?

Mi libro *El 45* está lleno de notas con las respuestas de Perón a diversas preguntas mías, y hay acotaciones que marcan su grado de veracidad. Por ejemplo, yo le pregunté qué creía que iba a ocurrir cuando lo pusieron preso en Martín García. Me contestó: "Yo estaba seguro; estaba todo arreglado ya con los muchachos. Ellos me iban a traer a la Capital; yo estaba seguro de que esto iba a pasar y de que yo iba a recuperar el poder". Pero yo publiqué una carta de Perón a Evita desde Martín García, en la que le confiesa: "Lo único que quiero es salir de acá, casarme con vos, irnos a la Patagonia". En esa carta no había señales de que él tuviera un plan político ni un destino épico. Creo que no le gustó nada esa publicación, porque en esa carta se lo veía como un pobre preso que quiere salir de Martín García, casarse con la mujer que ama y abandonar el Ejército y la carrera política.

¿Perón leyó El 45? *¿Sabe qué opinó?*

117

Yo se lo mandé y dicen que dijo: "Es el libro de un radical", lo cual creo que no es cierto. Yo traté de despojarme de toda connotación partidaria y, por otra parte, en esa época ya no militaba en ningún partido.

Descuento que la visión personal que tiene de Arturo Frondizi difiere bastante de la de Perón. ¿Lo considera otro motor?

Sí, la visión es muy otra, mucho más respetable. Frondizi es otro motor, desde ya.

¿Lo vio muchas veces?

Sí, trabajé con él cuando era presidente del Comité Nacional de la Unión Cívica Radical y después cuando fue candidato a presidente. Yo formaba parte del grupo más íntimo de Frondizi, así que lo vi muchas veces. No tanto durante el gobierno porque yo entonces estaba en Suiza y después en Montevideo, con cargo de consejero de embajada. Yo le pedí a Frondizi que me nombrara en Suiza para poder atender un problema de salud de mi mujer. Me designó "con la condición", me dijo, "de que después usted viene y hace la conscripción". Después escribí el libro *Diálogos con Frondizi*, directamente con él, así que lo traté bastante. Frondizi era un hombre que se diferenciaba de Perón en que tenía miras muy elevadas respecto del país. Era realmente un patriota en el mejor sentido de la palabra, que cometió muchas equivocaciones, por supuesto, y al que pueden imputársele también muchas maniobras, como a todos los políticos argentinos de peso. Pero fue un patriota cabal.

Frondizi gana las elecciones en 1958 con lo que se considera un programa realmente renovador. ¿Qué prometía realmente?

Yo creo que dos cosas, fundamentalmente. Por un lado, el famoso desarrollo que significaba poner en marcha el país; la Argentina estaba muy caída en esa época. La política económica de Perón había fracasado, sobre todo en cuanto a instalar infraestructura pesada. En tiempos de Perón —y es bueno recordarlo porque la mayoría no lo sabe— no se había construido un solo kilómetro de camino pavimentado. Frondizi advierte que hay que poner todo en marcha y promete conectar de nuevo el país con el mundo, ya que había estado muy aislado, casi condenado al provincianismo.

Frondizi promete asimismo la integración que se había dado en los hechos en la elección de constituyentes de 1957, cuando el peronismo votó en blanco y los representantes frondizistas en la asamblea se retiraron después de impugnarla. Habrá intentado hacerlo demasiado pronto Frondizi o Perón esperaba más, pero el resultado fue el fracaso de la integración, como se vio claramente en las elecciones de febrero del '62 en la provincia de Buenos Aires. En realidad, fueron elecciones de diputados y gobernadores, pero el problema se centró en Buenos Aires. A Frondizi no le fue mal, ganó distritos importantes: Capital Federal, Santa Fe, Entre Ríos, Corrientes. Los conservadores ganaron en Mendoza y en San Luis; los radicales del Pueblo en Córdoba. Significa que se hubiera podido componer una Cámara de Diputados muy amplia, muy pluralista. Pero los militares se enloquecieron con los resultados de Buenos Aires y no pudieron soportar la idea de que el peronista Andrés Framini fuera electo gobernador.

Era un temor totalmente irracional y loco, pero no pudieron soportarlo. No se daban cuenta de que un gobierno peronista en la provincia de Buenos Aires iba a estar acotado por la Fiscalía de Estado, que era totalmente independiente, por una Legislatura donde el peronismo no tenía mayoría, por una prensa libre y por un gobierno federal que estaría alerta para que no cometieran imprudencias. Pero fue inútil. No creo que haya habido una época en la cual las Fuerzas Armadas, sobre todo la Marina, tuvieran una posición tan irracional, tan fuera de toda lógica. De ahí las consecuencias: el peronismo gana elecciones y se las anulan; hay proscripciones de todo tipo; el peronismo se infiltra en el mapa político con otros nombres y hace alianzas espurias, etcétera. En suma, una crisis de legitimidad política tras otra.

¿Qué le debe la Argentina a Frondizi?

La preocupación por una industria propia, por una industria pesada propia, lo que resulta decisivo porque hace a la autonomía de un país. El impulso a la descentralización económica, que redunda en el desarrollo de la Patagonia a través de la explotación del petróleo. Y, por encima de todo, la convicción de que había que mantener cierta independencia respecto de los capitales, sobre todo extranjeros, que se expandían. Nunca se restringió el ingreso de capitales, pero se intentó marcarles un rumbo, dirigirlos a las áreas que más le interesaban al país. Con honestidad, no creo que este objetivo fuera totalmente cumplido.

¿No es ésa una de las mayores críticas que se le hacen: la forma en que permitió la injerencia de capitales extranjeros, apartándose de su programa electoral?

Evidentemente, hubo una modificación de ese rumbo inicial. Y esto nos lleva a un tema que yo traté en mi discurso de ingreso a la Academia de Ciencias Políticas: cómo el opositor tiene un ideario que después, ya en el poder, tiene que cambiar, porque advierte que el suyo es un ideario no totalmente viable.

Es un punto fascinante porque no hace solamente a nuestros políticos, ni a políticos contemporáneos nuestros, sino a los del mundo entero. El presidente francés Charles de Gaulle sube al poder en 1958 reclamando que Argelia siga siendo francesa. Tres años más tarde, permite que se independice. ¿Los hombres políticos deben estar atados a las consignas que en algún momento proclamaron o pueden adaptarse y flexibilizarlas, si es para el bien del país? Ése es un gran tema.

Me hace acordar de lo que se ha dado en llamar "el teorema de Baglini" (por el ex diputado alfonsinista): "Cuanto más cerca se está de ejercer el poder, menos radicales (menos extremas) son las propuestas".

Mire, en el fondo, es un problema de ética política. Tomemos la contrafigura de Frondizi, Illia. Arturo Illia había dicho en su campaña por la presidencia: "Voy a anular los contratos petroleros". Y una vez en el gobierno los anula. Cumple con su palabra, lo cual es realmente muy importante, pero causa un gran daño al país.

¿Qué se puede concluir? ¿Que ningún gobierno cumplió con su programa electoral o que cuando lo hizo se equivocó?

Es un asunto grave, en el que creo que sería un error sacar conclusiones generales. No sé si se puede decir que ningún gobierno cumplió o que los que lo hicieron fue sobre la base de errores. Creo que es útil entender que ser gobierno implica aceptar condicionamientos que es muy probable que no sean reconocidos como tales desde la oposición. En el libro *Diálogos con Frondizi,* yo le pregunté cuál había sido su tiempo político más feliz y él no dudó: "Cuando era opositor". Es irrefutable: cuando se accede al gobierno, hay que empezar a transigir con la realidad, y la realidad suele ser muy dura. Ese transigir con la realidad es el "teorema de Baglini".

Recuerdo que el diario Clarín *lo entrevistó cuando Frondizi murió, en 1995. El título del reportaje era: "Lloré cuando lo derrocaron". ¿Lo admiraba?*

Sí, sin perjuicio de encontrarle aristas criticables, sobre todo en sus últimos años, cuando creo que ya no era Frondizi. Suele decirse que era un hombre frío, pero no es así. Tenía vinculaciones afectivas con alguna gente, no demasiada, y las cuidaba. Ocurre que para Frondizi la política estaba por encima de todo y resignaba lo que fuera necesario por ella. Así fue como llega el momento de poner a Álvaro Alsogaray de ministro de Economía y Frondizi decide defenestrar a su amigo más íntimo y querido que era David Blejer. Porque no había amistad que pudiera estar por encima de una exigencia política de magnitud.

¿Lo nombra a Alsogaray porque considera que es el más idóneo para el cargo o porque se somete a presiones políticas?

Recibe presiones, más que políticas, del lado de las Fuerzas Armadas, para las que Alsogaray era un hombre confiable. Frondizi está muy debilitado por la puesta en marcha de su plan económico, que deriva en inflación y en protestas como la tremenda huelga de los obreros del frigorífico Lisandro de la Torre, y por la publicación del supuesto pacto electoral con Perón. Su situación era realmente muy vulnerable. Alsogaray significó un paño frío, una negociación imprescindible.

¿Frondizi fue el político más intelectual que tuvo la historia argentina?

Siempre es difícil, y quizás inapropiado, decir "fue el más", "fue el menos". Pero fue un intelectual, quién lo duda, con todos los defectos que puede arrastrar un intelectual a la función política. Porque quizás a los intelectuales, propensos a la reflexión, les falta el instinto, que a veces funciona mejor que el intelecto, para entender un contexto determinado.

Usted pide un olfato a lo Roca o a lo Yrigoyen...

Exactamente.

La cronología nos acerca hasta los últimos presidentes, Raúl Alfonsín y Carlos Menem. ¿Los elige a ambos como motores?

Sí.

No dudo de su perspectiva como historiador para evaluar hechos y personajes cercanos. ¿Pero no cree que este análisis es particularmente complejo?

Se puede y se debe tratar de tener siempre una perspectiva ecuánime sobre hechos o personajes recientes. Es difícil, lo sé, pero hay que hacer el esfuerzo con mucha honradez, tratando de que no interfieran las pasiones ni los prejuicios ni la propia ideología, de la que, como le dije, uno no puede desprenderse, pero sí ejercer control sobre ella. La mejor manera de construir esa perspectiva es medir los hechos como si hubieran ocurrido muchos años antes.

Hagamos una especie de ejercicio para entender bien de qué habla usted cuando habla de perspectiva

histórica. Pensemos en los diarios de la última quince-
na de febrero de 1999, que describen la interna del
peronismo, partido que aún no ha decidido quién
(Eduardo Duhalde, Carlos Reutemann, Ramón Ortega,
Adolfo Rodríguez Saa) será su candidato para las elec-
ciones presidenciales de octubre. ¿Cómo lee un histo-
riador los diarios en el momento en el que se está deci-
diendo una candidatura tan importante?

Yo los leo teniendo conciencia de que me faltan muchos elementos de juicio y de que muchas cosas que se publican pueden estar deformadas o escritas con ignorancia de hechos importantes, de modo que es prudente tomar todo con pinzas. Uno tiene que mane-jarse con lo que conoce y asumir los vacíos informati-vos como tales, y esperar que el tiempo los vaya lle-nando.

Cuando escribí *El 45* me propuse hacerlo mos-trando precisamente cómo funciona la perspectiva his-tórica sobre hechos recientes. Escribí este libro cuan-do habían pasado veinte años nada más de hechos cuyas consecuencias todavía estaban muy vigentes y que despertaban mucho apasionamiento, incluso el mío. Sin embargo, me propuse evaluarlos como si se tratara de hechos ocurridos doscientos años antes. Me parece que lo conseguí. Aún hoy encuentro gente que elogia el libro. Más allá de las cualidades históricas o literarias que pueda tener, creo que el mérito de *El 45* es ése: sopesar los acontecimientos con distancia ecuá-nime.

¿Cómo controló su ideología? ¿Cómo enfrió su apa-sionamiento? ¿Reescribió mucho El 45?

Probablemente me costó más que otros libros. Más que *Soy Roca*, por ejemplo. Yo blanqueé las pasio-nes que pueda haber tenido sobre la época y sobre los protagonistas escribiendo al final de cada capítulo un pequeño recuerdo personal. Me colocaba en el lugar y en el pensamiento míos de ese momento para no llamar a nadie a engaño y para que no creyeran que yo había sido un espectador imparcial. No, no lo fui; fui un protagonista absolutamente menor, pero protagonista al fin de esos sucesos, y los viví con apasionamiento. Incluso llevé un diario de esos días que me sirvió mucho para lo que escribí posteriormente. De modo que yo no renuncié a mis principios o a mis convicciones, pero hice la evaluación histórica con la mayor honestidad posible. Hasta hice una defensa de Perón que nadie hizo en aquella época, ni siquiera los peronistas. Señalé, por ejemplo, que era una imputación falsa la acusación de nazifascista, o que cuando muchos se escandalizaban por la posibilidad de que fuera presidente, lo hacían por temor a algunos de los buenos cambios que podían sobrevenir.

¿Usted militaba en ese momento en el radicalismo?

En el radicalismo, en el ala intransigente.

¿Estuvo preso bajo el gobierno de Perón?

Sí, en 1951, durante casi tres meses, en la cárcel de Olmos. Hace poco, revisando papeles con mi mujer en nuestra chacra de Capilla del Señor, encontramos una carta que yo escribí a mi familia cuando estaba preso.

Volvamos entonces a nuestra confianza en la perspectiva histórica para analizar el presente. ¿Qué balance podemos hacer de Alfonsín si lo incluimos entre los motores de la historia?

125

No sé hasta qué punto Alfonsín es un motor o es una resultante de circunstancias previas. Me inclinaría a pensar que Alfonsín fue una resultante obligada del proceso que se venía gestando durante la dictadura militar, pero que cobró toda su fuerza después de la derrota de Malvinas. Emblemáticamente, Alfonsín es el primer político que hace un acto público después de esa derrota: el famoso acto en la Federación Argentina de Box, con un local atiborrado de gente. Por eso digo que él no puso en marcha el proceso, sino que fue la consecuencia y una buena materialización de él. Alfonsín concentra y representa una etapa impar: la vuelta de la Argentina a la democracia, la capacidad para "reaprender" a vivir dentro de ese sistema después de tantos años de gobiernos autoritarios constitucionales o pseudoconstitucionales, después de tantos años de gobiernos de facto, y después también del autoritarismo que estaba traducido, sobre todo, en la proscripción del peronismo.

Alfonsín nos enseña a vivir de nuevo en democracia, a creer en las instituciones. Pero hay un hecho definitivo que lo instala en la historia. Era la cabeza de un gobierno asediado por una CGT contraria, por un Senado contrario, por una mayoría de provincias contrarias, por una Iglesia contraria, por un Ejército contrario, por un empresariado contrario... En medio de tanta hostilidad, hizo el juicio a las Juntas responsables del terrorismo de Estado. No importa que los comandantes hayan estado presos un año o un día; lo cierto es que la Argentina mostró al mundo un esquema de extrema legalidad: hubo acusaciones y defensas jurídicamente inobjetables y salió a la luz todo lo perverso que había sido el Proceso militar. Esto, para mí, enaltece para siempre a Alfonsín. No se puede desconocer, sin embargo, que luego la realidad lo obligó a hacer cosas que no hubiera querido, como las leyes de Punto Final y de Obediencia Debida; pero el juicio a los comandantes es algo que no tiene precedentes en el mundo, que realmente honra a la Argentina y honra al gobierno que lo puso en marcha, con todos los riesgos que semejante decisión implicaba.

¿Le pasa a Alfonsín como a Frondizi, en el sentido de que debe olvidar puntos importantes de su programa inicial?

Todos los gobernantes han tenido que hacer cambios y es utópico pensar que no estén obligados a hacerlos. La realidad es siempre muy dura, bastante más de lo que se prevé cuando se escriben las plataformas. De modo que esos virajes no son propios de Alfonsín ni de Frondizi, sino de todo gobernante. Me parece, igualmente, que ninguna contramarcha de Alfonsín puede hacer desmerecer la enseñanza que motorizó para la vida en democracia, porque la experiencia marcó a la sociedad argentina durante esos años y los posteriores. Descuento que ya nadie puede concebir ni alentar un golpe de Estado. No es ésta una democracia perfecta; sabemos que está llena de corruptelas y de defectos, pero es el sistema que la gente ha adoptado y que no está dispuesta a abandonar, porque sin duda es el sistema que más sintoniza con la realidad de esta sociedad. La nuestra, aunque no nos dé todas las satisfacciones que esperamos, es una sociedad democrática, igualitaria, tolerante, que ha elegido el mejor sistema político que la expresa, la democracia. Y Alfonsín no es ajeno a esto.

Alfonsín llegó al gobierno en 1983 con el 52% de los votos, tras la primera derrota del peronismo en elecciones presidenciales y cargando con expectativas muy intensas de cambio y mejora en toda la sociedad. Se fue del gobierno en 1989 habiendo generado una decepción importante aun en quienes lo respaldaban al principio. ¿No es responsable de estimular más expectativas de las que podía satisfacer?

Seguramente. Mire, cuando un presidente es constitucional y llega al cargo elegido por una gran mayoría, sobre todo después de un período de facto, genera grandes expectativas. Frondizi y Perón también las generaron en su momento. Y esto es algo que trabaja en contra del gobernante. No es bueno que concentren tantas expectativas porque nunca se cumplen del todo, es imposible. Tampoco es bueno para un gobernante llegar al poder con una enorme mayoría, porque esto significa que su partido prácticamente ocupa todo el escenario nacional. La oposición busca entonces otros nichos para manifestarse y estos nichos suelen ser bastante peligrosos, porque no son los correspondientes a una oposición constitucional y legal.

¿Cuáles son los déficit de la gestión de Alfonsín?

Por su misma condición de radical, Alfonsín no hacía hincapié en el tema económico. También como radical, concebía el país como un conjunto de ciudadanos; no le daba mayor importancia a la existencia de los grupos en los que se divide la sociedad, cada uno de los cuales sin duda tiene entidad y ejerce presión: los sindicatos, las Fuerzas Armadas, los empresarios, etcétera. Es que tenía un concepto un poco decimonómico de la comunidad nacional y la veía como un conjunto de ciudadanos que votan y opinan; pero le costaba mucho aceptar la importancia, por ejemplo, de los sindicatos o de la Iglesia o de tantos otros factores de poder como existían. Yo creo que hizo lo que pudo en las condiciones en que recibió el gobierno, que fueron realmente muy difíciles. Habrá cometido errores, sin duda, sobre todo en el plano económico, porque no supo enfatizar la relevancia que tenía la economía en una sociedad que había sido devastada por la inflación, por el quiebre de actividades productivas y por la desocupación. Claro que su final fue triste y también inmerecido.

Cuando a usted le ofrecieron ser secretario de Cultura del gobierno radical, ¿lo convencieron enseguida, quería volver a un cargo político?

Yo nunca he tenido cargos políticos.

En la época de Frondizi había sido diplomático.

Sí, claro, pero fue un cargo casi burocrático, en condiciones muy especiales. Sí, acepté enseguida el ofrecimiento de la Secretaría de Cultura de la Ciudad de Buenos Aires, sobre todo porque estaba en una situación espiritual muy especial. Había terminado los tres tomos de *Perón y su tiempo*, que me habían dado mucho trabajo y me habían ocupado tres años de mi vida. Cuando uno termina una obra así, de cierto aliento, o así me parecía a mí, uno queda como la parturienta que ha tenido a su hijo y siente "y bueno, y ¿ahora qué?". Es una situación muy extraña, de enorme vacío. "Ya no me queda nada por escribir, se terminó", pensaba. Y digamos que ese ofrecimiento, que más que político era técnico (aunque, por supuesto, habrán tenido en cuenta mi corazoncito radical, pero yo no era militante ni estaba afiliado), se refería a cosas que más o menos manejo: la cultura, los libros, el teatro... Son pocas las cosas que creo que puedo manejar con alguna idoneidad. Por supuesto, si me hubieran ofrecido ser subsecretario de Hacienda, no habría aceptado; pero estar a cargo de la cultura de la ciudad no me parecía que era un desafío en el que yo fuera a fracasar.

¿Qué imagen personal tiene de Alfonsín?

La de un hombre muy honrado; un político con una carga de radicalismo en lo bueno y en lo malo; un hombre que ya está quizá por encima del bien y del mal, pero que nunca dejará de ser un político de raza y de tener un rol importante en la vida argentina. Lo curioso es que Alfonsín, que se fue del gobierno realmente denostado, ha vuelto a tener una importancia, una categoría, un predicamento que demuestran que lo económico no es lo único que pesa en la realidad, y que hay figuras que más allá del éxito o el fracaso que hayan tenido en ese plano, se conservan como valores de referencia del país. Alfonsín me hace acordar un poco a políticos como Carlos Pellegrini, por ejemplo, que hicieron su carrera, fueron presidentes y luego quedaron como figuras de reserva, como hombres a quienes se acude y se consulta en momentos clave. Yo le tengo una gran simpatía personal.

¿Cuándo lo conoció?

Durante su presidencia. No lo traté mucho, ni durante su presidencia ni después. Muy pocas veces lo vi y conversamos. Él fue muy afectuoso conmigo; había leído mis libros, como todo radical, digamos, pero no tuvimos un trato muy estrecho.

Mariano Grondona suele decir que en la Argentina hay sólo dos "animales políticos": Alfonsín y Menem. Me parece que él define con esa expresión eso que usted les atribuía a Roca o a Yrigoyen: el olfato innato y esencial para la política. ¿Son comparables Alfonsín y Menem en la manera en que lo hace Grondona?

No. Solamente en el aspecto del olfato, tal vez. Hay diferencias importantes. Alfonsín está muy atado a sus propios escrúpulos y a sus propias convicciones; Menem está totalmente despegado de eso, totalmente libre; puede dar las piruetas más extrañas y no siente jamás la necesidad de justificarse.

¿A Menem lo conoce personalmente?

Lo conocí en La Rioja antes de que fuera presidente —no se olvide que en La Rioja nos conocemos todos, ¿no?— y tuve con él un cierto trato, afectuoso por parte de él, amistoso por parte mía también, aunque yo siempre desconfié de él, de su inmadurez, de su falta de cultura, de su propensión a la demagogia. Poco a poco fue madurando y convirtiéndose en lo que es ahora.

Yo tengo una anécdota con él, muy divertida. En una oportunidad, íbamos a La Rioja con mi mujer con unas grandes valijas llenas de ropa vieja para regalar al pobrerío que eran los clientes de su familia, pero el avión paró en Catamarca por razones técnicas y a los pasajeros nos llevaron en ómnibus hasta La Rioja. Es decir que llegamos mucho más tarde de lo que debíamos y no al aeropuerto sino al centro de la ciudad. Obviamente, nadie nos esperaba. Imagine además un pleno mediodía de bastante calor. Por ahí pasa un auto y veo que es Menem, que pocos días antes acababa de salir de su cárcel en Las Lomitas. "Los llevo", dice, "¿adónde van?" "No, vamos a esperar un taxi", contesto. "No, los llevo, los llevo". Agarró las valijas, las metió en el baúl y nos fuimos a la casa de una cuñada donde íbamos a parar. Pero dos cuadras antes de llegar a la casa, se le acabó la nafta: pap, pap, pap, se quedó sin nafta. Entonces yo, mostrando mi capacidad de profecía, le dije: "Mirá, Carlos, te va a pasar siempre esto en la política; te vas a quedar sin nafta siempre un rato antes". Bueno, Carlos agarró las valijas, las llevó a mano hasta la casa de mi cuñada a dos cuadras; en el trayecto pasó alguien y le dijo "che, traéme diez litros de nafta" y así se arregló. Él se acuerda de eso. Un par de veces nos hemos visto de casualidad en actos protocolares durante su gobierno —yo no voy mucho a fiestas ni a reuniones a pesar de que me han invitado— y él cuenta la anécdota: "Sí, yo le cargué las valijas a él", se ríe.

Si hay alguien que parece no quedarse sin nafta en política es Menem...

No, por supuesto. Por eso le hice referencia a "mi capacidad de profeta". Evidentemente, me va mucho mejor cuando me manejo con el pasado, no con el futuro...

¿Coincide con los que dicen que Menem tomó un país y deja otro?

Eso es evidente.

¿Qué imagen tiene usted de esa transformación menemista?

En principio, hay que tener en cuenta que fue un cambio que se dio en todo el mundo. Hubiera sido muy arduo para él mantener el país de antes, sin perjuicio de que él pensara sinceramente que había que cambiarlo o no. De modo que lo que él hizo acá es lo mismo que ha ido ocurriendo en otros países. Lo que no sé es qué balance final habrá que hacer de esta transformación, que ha dado como resultado, por ejemplo, un Estado completamente inerme que se ha desprendido de empresas emblemáticas como YPF o el Banco Hipotecario; una sociedad con severas marcas de inequidad, que se ha hecho muy dura y muy poco solidaria y que ha dejado que se pierdan algunas formas de vida que

132

han sido las propias de la Argentina y que a mí me gustaban. Hablo de un tipo de vida en la que, por ejemplo, la gente trabajaba en una empresa treinta o cuarenta años y con eso mostraba que era un tipo honrado y capaz. Es triste ver lo que ocurre ahora, cuando cualquier trabajo es precario y el desempleo, una amenaza permanente: esto no me gusta, realmente. Entiendo que es lo que está pasando en muchos países del mundo, pero no sé si obligadamente es lo que debería pasarnos a nosotros. Me pregunto si no hay otras recetas, otros modelos, otras formas de gobernar adaptándose al mundo. No voy a negar las transformaciones positivas que ocurrieron en esta década —el avance de las comunicaciones, por ejemplo—, pero creo que el balance final no es alentador. No creo que estemos mejor en materia de salud, de educación, de asistencia social, de empleo, de seguridad y, sobre todo, de moral pública.

¿Qué vincula al menemismo con el peronismo?

El folklore, la irracionalidad, la falta de respeto por la ley. Ésa es una tradición que el menemismo ha heredado del peronismo: la usurpación de dos bancas en la Cámara de Senadores en 1998, por ejemplo, o querer modificar la Constitución a cualquier costo en 1994 para posibilitar la reelección, repiten tradiciones del primer peronismo. Aunque debemos agradecerle a Menem que no haya querido insistir demasiado con el folklore peronista: no colocó retratos de Perón y de Eva Perón en todos lados. Obviamente, él mismo se da cuenta de que lo que ha hecho no tiene mucho que ver con el peronismo de los primeros años. No hay marcas de una política estatista, autonomista, autárquica, populista, distribucionista, que eran las claves del peronismo.

133

Todos éstos fueron motores por la fuerza y el rumbo que le imprimieron a su gestión. ¿Bajo qué gobierno le hubiera gustado vivir a usted?

Yo diría que el mejor gobierno que hubo en la Argentina es el de Marcelo T. de Alvear. Eso está impreso en la memoria colectiva, y no se debe solamente a sus condiciones personales sino a las circunstancias de placidez que vivían el mundo y el país. Los suyos (1922-1928) resultaron años pacíficos y prósperos, durante los cuales fueron notorios el respeto a las instituciones y las sensatas reglas de juego entre los diferentes partidos políticos. Realmente, Alvear no era un estadista, en el sentido cabal de la palabra, ni lo hemos considerado un motor de la historia, pero era un gobernante que cumplía con sus responsabilidades y, sobre todo, que tenía un enorme respeto por la Constitución. Esto, en un país que recién empezaba a dar sus pininos democráticos, era muy importante.

Quizás, si me dejo guiar absolutamente por mi subjetividad, corregiría mi respuesta y le diría que hubiera preferido vivir bajo el gobierno de Yrigoyen, o el de Roca... Pero el historiador debe hacer caso también a esos recuerdos nostálgicos de la gente mayor. Y por algo tantos hablaban tan bien del gobierno de Alvear.

LAS BISAGRAS

El escritor mexicano Octavio Paz decía que la literatura, la de cualquier país, era una combinación permanente de ciclos de tradición y ruptura. Me pregunto si se puede decir lo mismo de la historia argentina. Es decir, si hay algunos momentos clave en los que se produjo algún giro, positivo o negativo, en los que se alteró el rumbo y, en palabras de Paz, la ruptura quebró la tradición. Si quiere, podríamos tomarle prestada una palabra al ex presidente Raúl Alfonsín, cuando prometió "poner una bisagra a la historia". Quisiera que usted identificara esos momentos o esos procesos "bisagra" en la historia argentina. Sobre todo, porque cuando terminó de desarrollar los sueños de nuestra historia, mencionó el sueño frustrado del presidente Roberto M. Ortiz, que no pudo encauzar el país hacia la legitimidad política. ¿Se puede hablar de los comienzos de la década del '40 como "la bisagra que no fue"?

Las bisagras que no funcionaron... Es una buena forma de definir los rumbos perdidos, como el final del gobierno de Ortiz. Roberto M. Ortiz tenía origen radical, luego radical antipersonalista, y fue el hombre que Agustín P. Justo eligió para sucederlo. En realidad, lo impuso. Ortiz llegó al gobierno a través de un gigantesco fraude en las elecciones de septiembre de

1937 y él sabía que su acceso al poder llevaba como condición necesaria ese fraude, pero estaba decidido a terminar con semejante política que hacía del fraude electoral algo permanente en el país. Él comprendía que no se podía seguir gobernando indefinidamente a través de estos medios, porque era un hombre auténticamente democrático. De modo que, al poco tiempo de asumir la presidencia, empieza a dar señales en el sentido de que el gobierno nacional no permitiría que se repitieran los fraudes escandalosos que se habían venido sucediendo hasta ese momento. Por lo tanto, pone en marcha un plan que pretende neutralizar los hechos ocurridos primero en Catamarca, luego en San Juan y después ya de manera espectacular en la provincia de Buenos Aires: allí, en marzo de 1938, Ortiz interviene el gobierno bonaerense presidido por Manuel Fresco, que era el arquetipo del político fraudulento. Fresco había sido el hombre que había justificado el fraude electoral como una necesidad histórica. La actitud de Ortiz produce una enorme expectativa en la opinión pública, por la posibilidad que implicaba de rectificar este aspecto tan condenable del sistema institucional. Pero al poco tiempo Ortiz se enferma. Venía arrastrando una vieja diabetes, enfermedad que no tenía por qué causarle una muerte temprana, pero que derivó en una retinopatía, es decir, en una lesión de los ojos, más en uno que en otro, que prácticamente lo dejó ciego y lo obligó a abandonar el gobierno. Su reemplazante, el vicepresidente Ramón Castillo, era un hombre que no compartía las ideas de Ortiz. Era un conservador de la vieja escuela, un obstinado que creía que el fraude era indispensable para evitar a cualquier costo que los radicales volvieran al poder. Ortiz fue testigo impotente de esta política y cuando se agotaron todos los recursos médicos para poder mejorarlo renunció definitivamente, a mediados de 1942, y poco después falleció.

Ésta fue la bisagra que no funcionó. Si Ortiz hubiera continuado con su plan de saneamiento institucional, habría habido alguna salida que no tenía por qué ser vía otro presidente radical, sino más bien compartida entre el radicalismo, que era el principal damnificado de la política de fraude, y otras fuerzas independientes que Ortiz había alentado. Como creo que ya le dije, no hubiera habido entonces Revolución del '43, no hubiera existido Perón y la historia habría tomado otro camino. No sé si mejor o peor, pero otro camino, evidentemente.

¿Cómo se hacía un fraude? ¿Con qué mecanismos políticos y operativos concretos?

Los fraudes pudieron consumarse gracias a una gran estructura, que en el caso de la provincia de Buenos Aires comprendía al comisario y al juez de paz. Estas manipulaciones electorales gozaban del consentimiento de la justicia electoral, que era complaciente con el gobierno. En caso de no serlo, se la disciplinaba de forma tal de nombrar a los jueces no adictos en otro tipo de cargos, de modo que no pudieran entorpecer el éxito de estos usos políticos. Es claro que estos procedimientos se hacían forzando conciencias. El día de las elecciones la violencia era notoria: había robo y vuelco de padrones, apaleamiento o alejamiento de los fiscales opositores, cambios de urnas. Variantes de todo tipo que significaron lo mismo: una expropiación de la voluntad popular para darles otro resultado a los comicios. Esto tuvo, como era de esperar, una enorme incidencia en el espíritu de la gente, que sintió hasta qué punto se degradaba la idea de democracia. Si la democracia era esto, que uno fuera a votar y le dijeran "vos ya votaste, andate", descreer de la democracia era el paso siguiente e inevitable. Por otra parte, estos métodos llevaron a la ilegitimidad a las conducciones del país y de las provincias, que carecían de autoridad moral para desarrollar políticas, y significaron un retorno a las peores épocas del pasado. Después de tres décadas de experiencia con la ley Sáenz Peña, que había demostrado que se podía elegir limpiamente a los representantes, estas prácticas eran inconcebibles y lastimaron seriamente nuestro desarrollo político. La gente no se dejaba engañar y, en cuanto pudo, castigó a los responsables y principales beneficiarios del fraude que eran los conservadores, sobre todo los de la provincia de Buenos Aires, Santa Fe y Mendoza. Después de 1945, estos partidos prácticamente desaparecieron, castigados por la gente.

¿La prensa era totalmente adicta a los conservadores? ¿No denunciaba los fraudes?

Claro que había denuncias. La prensa era completamente libre. No hay más que mirar los diarios de la época y ver que los títulos son feroces, pero no les importaba. Los conservadores, cada vez que podían, negaban que hubiera fraude o que tuviera la magnitud que se le adjudicaba. Incluso el presidente Justo, en oportunidad de elecciones en Santa Fe, juró solemnemente a Marcelo T. de Alvear que no habría fraude, pero éste fue escandaloso. Había una actitud de gran cinismo por parte de los beneficiarios. El caso más conocido e indignante es el de Uberto Viñart, diputado por la provincia de Buenos Aires, que en pleno Congreso se jactó de ser el diputado más fraudulento del país, como si esas conductas fueran en realidad un juego de vivos. Yo creo que todavía no se ha hecho un juicio exacto sobre lo que significó el fraude electoral para la historia de nuestro país. Se lo considera con liviandad, como uno de los muchos males políticos que se padecieron, pero no se tiene en cuenta que en la década del '30 el fraude significó un deterioro tan grave de la democracia que abonó el camino para que luego le fuera fácil a Perón ir asediando a las instituciones con procedimientos autoritarios.

Más allá de la necesidad de retener el poder que manifiestan los conservadores, ¿por qué empieza el fraude? Estamos hablando de la década en la que se había producido el primer golpe militar en la Argentina, el de 1930. ¿Los militares son ajenos al fraude o lo estimulan?

Sí, presiones e interés por retener el poder hubo ya en la presidencia de Justo. Aunque no aparecía una injerencia directa del Ejército, es indudable que los que habían compartido la responsabilidad de Uriburu en la revolución del '30 prefirieron que hubiera una cierta continuidad. Incluso se teorizó sobre eso y un ideólogo como Matías Sánchez Sorondo habló sobre los "derechos de la revolución". El primero consistía en no entregar el poder a sus enemigos.

La impronta de Ortiz, que podría haber dado un giro de salud a la política, fue entonces una bisagra que no se dio, lamentablemente. Pero hubo otras, también importantes, que tal vez no se recuerden demasiado. Por ejemplo, el 14 de agosto de 1806, después de la Primera Invasión Inglesa, cuando el pueblo de Buenos Aires invade el Cabildo y obliga a la Audiencia y al Cabildo a deponer al virrey Sobremonte por su actitud cobarde. Se debe mencionar que hay quienes difieren en el juicio sobre el virrey y lo defienden, diciendo que no hizo más que cumplir instrucciones previas. Más allá de estos juicios, lo que es relevante es el hecho, insólito para las colonias españolas de América. El pueblo sustituía, cancelaba al representante del rey y lo reemplazaba por el hombre en quien confiaba. Este acto prefigura todo el pensamiento de Mayo y las consecuencias posteriores. Esta especie de pueblada, inédita, irresistible pero no violenta, fue lo suficientemente decisiva como para inclinar a los organismos naturales del esquema colonial a proceder al reemplazo del representante del rey por una persona surgida de la voluntad política del pueblo.

¿Y eso fue aceptado por España?

Tuvo que ser aceptado por España, aunque demoró bastante en confirmar a Liniers como virrey. Primero, lo único que se ratificó fue su condición de capitán general, es decir, comandante en jefe de las armas. Pero luego debió completar el gesto. Por eso creo que ahí se expresó realmente el pensamiento, que luego tendría tanta importancia en el Cabildo el 22 de mayo: el pueblo, ya no el rey ni Dios, es el origen de la autoridad. Ésa fue realmente una bisagra. Un poco tapada, desde luego, porque a la estructura colonial no le convenía que un hecho así trascendiera y se lo valorara en su justo punto. Pero existió y debe haber calado muy hondo en el espíritu de los porteños.

La bisagra como concentración de voluntad política. Es muy atractivo el concepto. ¿En qué otro momento se dio con la misma intensidad?

Mucho después, en 1852, en la batalla de Caseros. Ese acto dispara no solamente el derrocamiento del sistema de Rosas, sino la puesta en marcha de un plan, tal vez no demasiado claro aún ni homogéneo, pero que implicaba el progreso del país, su contacto con el resto del mundo y la institucionalización definitiva. Hasta entonces se habían ido encadenando acontecimientos y procesos muy diferentes —la Primera Junta, la Junta Grande, Triunviratos, Directorios, el ensayo rivadaviano, la hegemonía de Rosas— con el anhelo siempre incumplido de organizar el país. Que la batalla de Caseros defina una concentración política de tal medida como para que toda la nación pudiera sentarse a consensuar una Constitución implica otra bisagra histórica de enorme magnitud.

Me gustaría ampliar la idea de "bisagra histórica". Podríamos entenderla también como oportunidad, exitosa o frustrada, de girar los acontecimientos. En ese sentido, detengámonos en 1878 cuando muere, casi repentinamente, Adolfo Alsina, quien iba a ser el presidente en el '80, con el asentimiento de mitristas y autonomistas. Ese golpe fatal descuajeringa todo el esquema político del momento y es entonces cuando surge Roca. Quién sabe lo que hubiera pasado con un presidente como Alsina, que unos cuantos años antes había sido gobernador de Buenos Aires. Quizás hubiera sido el promotor de una etapa con más contenido popular. Tal vez no hubiera hecho las cosas de modo demasiado diferente que Roca, pero es probable que hubiera dado una participación mayor a la ciudadanía, porque venía de un partido que era realmente popular, como el autonomista. Alsina cargaba además con gran prestigio personal, aun cuando hoy en día es lícito preguntarse por qué: uno lee sus discursos y los juzga inconsistentes, retóricos, llenos de ideas superficiales. Pero lo cierto es que Alsina hubiera sido una bisagra en nuestra historia, en el sentido de que habría hecho un gobierno más abierto, más popular que Roca. Y, si quiere, esa actitud podría haber evitado la Revolución del '90, pero esto ya es materia de conjetura.

Cuando uno piensa en bisagras o en rupturas, usando la palabra de Octavio Paz, piensa en fracturas de la legitimidad política, en golpes militares directamente. Robert Potash, que estudió intensamente la participación de los militares en la historia argentina, comienza su investigación en 1928, cuando aparecen las primeras logias militares como factor de presión sobre el segundo gobierno de Yrigoyen, que también se inicia en 1928. ¿Pero cómo son los antecesores de los militares que estudia Potash? Me refiero a los del siglo XIX. ¿Qué tipo de participación política se les puede atribuir?

Mirar el siglo XIX implica diferenciar varias etapas distintas. Probablemente usted se refiera a los militares de las últimas décadas del siglo, en donde tenían participación política, pero individualmente, no de manera corporativa. Es decir, podía haber un general como Lucio V. Mansilla, o un coronel como Mariano Espina, que tenían una actitud política decidida y lo que hoy llamaríamos perfil alto, pero todo lo hacían y decían en su nombre, no tenían al Ejército detrás de ellos. En una palabra, eran mucho más profesionales, más dedicados a su función específica. Eran militares sobresalientes en lo suyo, como en el siglo XX lo fueron Manuel Savio, Enrique Mosconi y el propio Agustín P. Justo. Eran profesionales, insisto, capaces algunos de poder pensar el país en términos de grandeza, no en la pequeña política militar movida al ritmo de intrigas o ascensos. Mosconi diseñó toda una política petrolera, por ejemplo, y Savio hizo lo mismo con la siderurgia. Ambos pusieron por encima de todo los intereses nacionales.

¿Qué pasa en el Ejército y qué pasa en el país para que progresivamente los militares empiecen a funcionar como cuerpo, como fuerza de presión y con una influencia política que los civiles les conceden o ellos arrebatan?

Es un lugar común decir que todo empieza con la Revolución de 1930. Pero, ¿sabe una cosa? Yo dudo de que la del '30 haya sido una revolución militar. Porque no fue el Ejército en su totalidad el que acompañó a

142

Uriburu, sino pequeñas fuerzas de Campo de Mayo y sobre todo el legendario Colegio Militar los que llegaron hasta la Casa de Gobierno. El resto del Ejército permaneció, en el mejor de los casos, neutral. ¿Qué ocurrió entonces para que la presencia del Ejército fuera aumentando? Que a medida que transcurría la década del '30, el Ejército entendió que debía tomar ciertas funciones que no existían; por ejemplo, las que desarrollaba la recién nacida Fabricaciones Militares: promover la siderurgia, tratar de que la Argentina pudiera explotar su petróleo, como había hecho bajo las directivas de Mosconi en la década del '20. Por otro lado, el espectáculo del fraude electoral realmente hacía que los militares fueran testigos inermes de lo que estaba pasando, algo que no dejaba de mancharlos con una complicidad por inacción. En tercer lugar, empezó a prender una idea que progresaba en ese momento en casi toda Europa, en el sentido de que se necesitaban gobiernos fuertes que debían ser vertebrados fundamentalmente por las Fuerzas Armadas. Súmele a estos ingredientes la aparición de nuevos grupos como el GOU (Grupo de Oficiales Unidos), que alentaban inmiscuirse en política y dentro de los cuales se estimulaban ambiciones personales como las de Perón, y tendrá un panorama bastante preciso de por qué los militares empiezan a conseguir peso en nuestra historia reciente.

¿Cómo se manifiestan las primeras presiones militares?

Yo creo que pueden rastrearse ya antes, pero en 1928, cuando triunfa Yrigoyen, hay indicios de que los militares están dispuestos a dar un paso adelante. Ya Justo, como ministro de Guerra de Alvear, había intentado aproximaciones a la Universidad, es decir, a sectores civiles. En esos tanteos le fue muy mal, pero de todos modos significaron un apartamiento de la tradicional neutralidad y de la no injerencia política de los militares hasta ese momento. Hay que considerar también que en esto tuvo algo que ver la política de Yrigoyen. En la revolución radical de 1905 habían intervenido militares, muchos de los cuales habían sido dados de baja o confinados. Luego van regresando al Ejército, sintiendo una gran adhesión al propio Yrigoyen, que demuestra tener gran fidelidad por ellos, al punto que los reincorpora o los asciende. Esto despertó críticas severas del cuerpo de oficiales permanente. Precisamente, para evitar esta supuesta politización del Ejército, se formó la Logia General San Martín, que trataba de pesar en los destinos, en los ascensos y en la selección de miembros y autoridades del Círculo Militar.

¿Se autoproclamaban como logia porque tenían actividades secretas?

No sé si bajo estricto juramento, pero es evidente que trataban de que el contenido de sus reuniones no trascendiera.

Usted decía entonces que el golpe del '30 es más civil que militar. ¿Quiénes son entonces los civiles que lo impulsan?

Los dirigentes conservadores, radicales antipersonalistas y socialistas independientes fueron los que incitaron al general José Félix Uriburu a que se levantara en armas. Es curioso, pero el mismo sucesor de Uriburu, Agustín P. Justo, se da cuenta de lo nocivo de este maridaje. Descuenta que la politización de las Fuerzas Armadas ha sido perjudicial y que, obviamente, puede volver a serlo para él mismo. Impone entonces al Ejército una serie de normativas que lo reducen

144

estrictamente a su función específica, bajo la tutela del ministro de Guerra, el general Manuel Rodríguez. Rodríguez hizo trabajar mucho y muy bien al Ejército en aquellos años y apartó totalmente de la mentalidad militar la tentación de intervenir en política. Su muerte fue una gran pérdida para Justo.

¿Cómo reaccionó la gente ante el golpe del '30? ¿Presintió lo que esa bisagra inauguraba?

No, no advirtieron la gravedad de ese golpe militar. Lo vieron como una necesaria intervención para poner coto a lo que se suponía era el desgobierno de Yrigoyen. Examinando las cosas con un poco de perspectiva histórica, uno advierte que no hubo nada de desgobierno y que todo lo que se dijo en su momento fue una exageración mal intencionada. Pero la gente no tuvo la medida de semejante ruptura del orden constitucional. Para los contemporáneos fue una rectificación que iba a promover el mejoramiento del sistema democrático. Es curioso, pero lo vieron así.

Muy curioso y muy dramático, sobre todo si se tiene en cuenta que a Yrigoyen lo había avalado una cantidad importantísima de votos.

Claro, se supone que tenía apoyo popular, aunque es bastante posible que la campaña contra él, en esos años, le hubiera restado adhesiones. Lo cierto es que en las elecciones de marzo de 1930, el radicalismo pierde la Capital Federal frente a los socialistas independientes. De modo que es lícito pensar que ese apoyo popular se había recortado bastante. Yo leí solamente un artículo, publicado días antes del 6 de septiembre y firmado por Alfredo Colmo en *La Nación*, en el que se previene con toda lucidez de los males que acarrearía un golpe militar. El autor enfatiza que "por

145

más que ahora parezca que las cosas están mal, tan mal no están, y mucho menos como para justificar un golpe militar que significa dictadura y retroceso de las instituciones".

¿Quién era Colmo?

Un magistrado judicial y gran civilista que no había formado parte del Poder Judicial hasta que se lo nombró camarista. Debe haber muerto poco después.

Qué visión política, realmente.

La visión de un verdadero hombre de derecho.

¿Por qué y para quiénes había empezado a ser amenazante Yrigoyen a punto tal de que decidieran derrocarlo?

Es lo curioso, Yrigoyen no fue amenazante para nadie. La de la "amenaza" podría haber sido una hipótesis bastante seductora. Uno podría pensar que la "oligarquía", viendo que se aproximaba la crisis económica, optó por el golpe para timonear el barco con sus propios criterios e intereses. Pero Yrigoyen no tomó ninguna medida contra la oligarquía, ni en la primera ni en la segunda presidencia. De modo que esa hipótesis no nos es útil. Pero, si uno lee los diarios en los meses previos al golpe del 6 de septiembre, se da cuenta de que las denuncias contra el gobierno de Yrigoyen tenían un sentido muy clasista: se descalificaba a la "plebe", a la "chusma", a la "gente de poca monta" que rodeaba a Yrigoyen, a quien incluso se lo llamaba "el compadrito de Balvanera". No había en realidad acusaciones formales y concretas que señalaran los aspectos reprochables del gobierno, que sin duda los tenía. Lo que había era, insisto, críticas y descalificaciones infundadas. Lo que se notaba, en los diarios y en el ambiente, era una especie de fatiga política en los sectores opositores: conservadores, antipersonalistas, socialistas independientes. La elección de 1928, que fue ganada abrumadoramente por Yrigoyen, seguramente les hizo percibir que ellos no podrían llegar al gobierno nunca por elecciones libres. Buscaron entonces un camino más corto y más cómodo. Yo creo que si hubiesen tenido un poco más de paciencia, habrían ganado las elecciones siguientes y habrían llegado al poder de una manera limpia. Habría cantado otro gallo en esta historia. Ésta es también una bisagra que no se abrió. Les faltó la paciencia siempre necesaria en política. Lo dijo Aguirre Cámara unos años después: "Nosotros olvidamos en el '30 las grandes tradiciones legalistas de nuestros antepasados conservadores y, por impaciencia o por sensualidad de poder, fuimos a golpear la puerta de los cuarteles y les enseñamos a los militares cómo se llega al gobierno".

¿Cómo irrumpieron los militares en el poder? ¿Tenían equipos formados para gobernar el Estado?

No, por eso dije que esto no era una revolución militar. Todos los ministros de Uriburu fueron civiles, conservadores en general. Tampoco hubo interventores militares en las provincias. No hay presencia militar en el gobierno, salvo uno o dos, íntimos de Uriburu, que lo ayudaron en sus tareas. Creo que ahí se notó la mano del general Justo que, como ya dije, había descubierto que era riesgoso que los militares se involucraran en política. Si usted mira las nóminas de los hombres del '30, no ve militares. Se castiga, sí, a los militares que habían adherido a Yrigoyen, pero como simple gesto de política interna del Ejército, nada más. Todo lo demás es tarea de civiles. En cambio, en el golpe de 1943 el elenco fue totalmente militar y así fueron los desaguisados que hicieron. Es irónico, pero todos los discursos de Uriburu negaban que el suyo fuera un gobierno militar y ratificaban que su intención era entregar el poder a un gobierno legítimamente constituido con una cantidad de variantes de tipo corporativo, que con el tiempo se fueron diluyendo.

¿Bajo qué condiciones entregó Uriburu el poder?

Llamó a elecciones, pero con el veto a la fórmula radical. Los radicales se abstuvieron, no participaron en las elecciones y eso facilitó el triunfo del general Justo. La única fórmula opositora fue la de De la Torre-Repetto, que formaron la Alianza Civil, Socialista y Democrataprogresista, sin fuerza suficiente como para imponérsele a Justo. Igualmente, en esas elecciones hubo fraude, no el gigantesco y sistemático de los años posteriores, pero se inauguró un estilo con el veto a la fórmula radical.

¿Qué candidatos llevaban los radicales?

La fórmula radical era Alvear-Güemes, que fue vetada. Cuando esto ocurrió, hubo negociaciones para cambiar los nombres. Parece que Yrigoyen, preso desde Martín García, aconsejó que se presentaran otros hombres. Pero para el fervor radical resultó imposible que esta solución fuera viable. Creo que cualquier otra fórmula hubiera sido también vetada. Uriburu no quería entregar el poder a sus enemigos.

Me imagino que a Justo no se le ocurrió revisar los medios por los que había llegado al poder.

No, creo que simplemente agradeció el haber llegado. Lo que sí prometió Justo fue ocuparse de las

148

reformas de tipo corporativo que Uriburu había recomendado para la Constitución, pero después cajoneó el plan y ahí quedó.

¿De qué se trataban las reformas corporativas?

Reforma de la Constitución para sustituir el Congreso por una especie de Camara dei Fasci y modificar la ley Sáenz Peña, por ejemplo. No se le oculta el origen de las ideas, ¿no? Simplemente, era una concepción fascista de la política y del gobierno. Todo en sintonía con lo que pasaba en Italia y en Portugal por esos años. En realidad, Uriburu había dado pasos en esa orientación. Había gobernado con el Congreso disuelto y con todas las provincias intervenidas, menos Entre Ríos y San Luis, porque tenían gobiernos conservadores. En ese sentido, estructuró una dictadura total: cesaron jueces que no eran sumisos al Poder Ejecutivo, se cerraron diarios, se confinó a ciudadanos y hasta se fusiló, como en el caso de Severino Di Giovanni o de Paulino Scarfó y de otros anarquistas. Como inauguración de golpe militar en la historia argentina, no le faltó ningún ingrediente dramático.

Usted hizo un comentario que me llamó la atención: Uriburu llega al poder en 1930 con un equipo de civiles y sólo un par de asesores —amigos— militares. Pero en la revolución del '43, los militares dan el golpe contando con equipo propio. ¿Se había formado ya el "partido militar" que es responsable de tanta inestabilidad política en los años posteriores?

Creo que sí, que podría definirse de esta manera. En realidad, en los primeros tiempos de la revolución del '43, los cargos más importantes fueron ocupados estrictamente por militares a falta de grupos civiles que los apoyaran. Después se fueron incorporando algunos civiles, pero lo que da la idea de la esencia militar de la revolución del '43 fue precisamente eso: que en el primer momento es como si el Ejército hubiera dicho "no precisamos de nadie para gobernar; nosotros nos bastamos". Rápidamente se demostró que no era así y que debían auxiliarse de civiles para gobernar.

¿Por qué se produce la revolución del '43?

La sociedad argentina y también las Fuerzas Armadas estaban muy divididas en función de la guerra que se desarrollaba en Europa desde 1939. Había grupos pro aliados y grupos pro Eje, y esto perturbaba mucho la marcha del país, porque eran divisiones irreconciliables, expectantes de cómo terminaría la guerra y de quién obtendría los beneficios de ese resultado. Por otro lado, la reiteración del fraude electoral —que se había ejercido ya en tiempos de Justo, con el breve paréntesis de Ortiz, y se estaba reiterando con Castillo— crea un estado de gran escepticismo sobre la democracia en toda la sociedad. Incluso el llamado partido mayoritario, el radicalismo, harto de ser trampeado tantas veces, había entrado también de alguna manera en el sistema del fraude limitándose a recoger los frutos que le dejaban. Se estaba produciendo, además, un cambio profundo en la sociedad argentina derivado, entre otras cosas, de la enorme inmigración interna que se dirigía a buscar trabajo mejor remunerado en las industrias que estaban prosperando al compás de la virtual cesación de importaciones. Hay que recordar que se había improvisado una industria para poder proveer al mercado de una cantidad de productos que ya no venían de Europa, desde textiles hasta bioquímicos e incluso productos siderúrgicos, como los que soñaba Savio con su Dirección de Fabricaciones Militares. La presencia de la gente del interior, que empezó a llenar los suburbios de las grandes ciudades, le daba a la sociedad argentina rasgos que hasta entonces no había tenido. El hecho de que hubiera plena ocupación, de que se reclamara permanentemente mano de obra para los talleres, para los telares y para las mil empresas que surgían del ingenio criollo, hacía que esta inmigración fuera configurando un paisaje humano que hasta entonces no había existido y que se revelaría crudamente el 17 de octubre de 1945. Pero, básicamente, yo diría que la característica de los años que culminan en el '43 es la falta de fe: falta de fe en la democracia, falta de fe en las instituciones, falta de fe en los partidos políticos. De ahí que el golpe del '43 apareciera como la solución posible a través de una institución que se creía no estaba contaminada, que se había mantenido apartada de la política, cuyos protagonistas eran desconocidos y, en consecuencia, encarnaban una promesa, como todo lo desconocido. Por lo tanto, la revolución del '43, que ocurrió de un día para otro sin que nadie la hubiera previsto, en realidad estaba casi determinada por las circunstancias. Era muy difícil que no se hubiera producido contando con semejante núcleo de antecedentes.

¿La actitud de la gente fue tan pasiva como en el golpe del '30?

En el golpe del '30, Buenos Aires apoyó la revolución. En el '43 hubo una cierta incredulidad, una expectativa para ver qué pasaba. Todos creyeron que la revolución se hacía según los deseos de cada uno. Los aliadófilos pensaban que era una revolución aliadófila, los pro Eje pensaban que era pro Eje, los radicales creyeron que se les iba a entregar el poder. Yo diría que fue un acontecimiento muy ambiguo y siguió siendo ambiguo durante unos cuantos meses.

¿Los militares mismos definieron el proceso como una "revolución"? ¿Cuándo empieza a usarse la palabra como sinónimo de golpe militar?

La palabra "revolución" apareció en ese momento porque en realidad lo era. Pero desde el punto de vista político, en el sentido de una transformación importante, yo diría que aparece en el verbo de Perón, a lo largo de 1944. Él es el que pretende darle un cierto contenido a la revolución que no fuera simplemente el de un golpe de Estado para reemplazar a un gobernante pseudoconstitucional por otro. De modo que es él el que habla de revolución y lo hizo durante mucho tiempo en esos términos.

¿Perón era un marginal dentro del grupo que produce la revolución del '43 o fue un protagonista importante?

No fue un protagonista importante, pero se encaramó muy rápidamente en la revolución. Perón trató de no aparecer en la primera jornada, para no quedar comprometido, pero después indudablemente formó parte del grupo que rodeaba al general Pedro Ramírez y demostró, además, una capacidad que no tenía la mayoría de sus camaradas.

Aparece Perón y vamos ya a enfrentar una gran bisagra, el 17 de octubre. Pero antes del análisis histórico, quisiera apelar a sus recuerdos, a su vivencia del clima de época. ¿Cómo era la Argentina del '45?

Era una Argentina mucho más simple que la de ahora. Tenía un Estado chico, sin grandes empresas dentro de su estructura, y era un país que sin duda ya estaba atrasado respecto de los más avanzados, pero que podía mostrar un desarrollo intermedio, como tan-

152

tos otros. Hablar por teléfono de una ciudad a otra costaba mucho, trasladarse de un punto a otro era muy incómodo, y complejo; no había aviones. Había tal vez una vida autónoma de las provincias mucho más desarrollada que ahora, precisamente por esa suerte de aislamiento en el que se vivía. Existía una clase dirigente —al decir "dirigente" no me refiero solamente a quienes estaban en el poder sino a los que podían pesar en los debates públicos también— que era pequeña, pero dentro de la cual se discutían las cosas que importaban. Había una gran lealtad por los partidos tradicionales, tanto el conservador como el radical. Si quiere, el país era más ingenuo. Eso se ve muy bien con la publicidad de la época. Yo publico en mi libro *Ortiz* algunos avisos de esos años, y uno advierte hasta qué punto todo era más simple, más directo y más sincero: lo bueno era bueno, lo malo era malo. Yo diría que se vivía bastante bien. Me refiero, por supuesto, a las clases medias, muy gustosas de cierto ritmo plácido. Los empleados almorzaban en sus casas y hasta podían dormir la siesta; las diversiones eran mucho más sencillas: el cine, algún baile los sábados. Los jóvenes repetían los modelos transmitidos por la familia, no solían disentir ni siquiera en el tema de qué carrera seguir. En definitiva, a nadie —o a muy pocos— se le ocurría hacer algo que pudiera transgredir los cánones de la época. En estas pocas palabras no pretendo definir toda una época, pero creo que el pantallazo es fiel a lo que vivíamos. Recuerdo que nadie tenía auto y todo el mundo se manejaba en tranvía. No había un afán consumista como existe ahora. La gente vivía sobriamente, fuera más pobre o más rica. Tal vez era consecuencia de las marcas que nos había dejado la inmigración.

Quizás la placidez era superficial. Porque para que el 17 de octubre ocurriera, debía haber una Ar-

*gentina más profunda con muchos conflictos sin re-
solver.*

Por supuesto, es la Argentina que aparece de repente como si un movimiento sísmico hubiera puesto
en la superficie toda una capa geológica que antes estaba enterrada. De repente apareció gente que no se
conocía, de aspecto y de aire totalmente ajenos a los
habitantes de la ciudad que uno caminaba día a día.
Pero tampoco hay que mitificar demasiado el 17 de
octubre. Yo mismo creo que he contribuido un poco a
consolidar su mito. Pienso que fue un hecho realmente
importante, pero la espontaneidad del pueblo que fue
a Plaza de Mayo es bastante dudosa. Fueron llevados,
conducidos, inducidos probablemente. El hecho ocurrió, desde luego, y fue un episodio sin precedentes en
la historia argentina. Lo único que quizás pueda verse
como algo parecido es el movimiento del 5 y 6 de abril
de 1811, cuando los orilleros de las quintas aparecie-
ron en Buenos Aires a pedir la expulsión de los more-
nistas. Tampoco nadie esperaba esa irrupción. En ese
sentido, el 17 de octubre fue revelador de que había
otra realidad social que se iba a traducir, como ocurrió, en otra realidad política también. Y esa realidad
nueva encarnó en gente que se acercó hasta Plaza de
Mayo pidiendo la libertad del coronel Perón, en una
actitud pacífica, yo diría que incluso "jodona": estaban
contentos por aparecer en escena. No hubo actos de
violencia, salvo un tiroteo frente al diario *Crítica* a la
noche, pero la gente no se comportó mal. Seguramente
tuvieron modales que, para muchos, resultaban grose-
ros, chabacanos, pero realmente no hubo violencia.
Eso demuestra que, en general, el pueblo argentino es
pacífico.

*Por eso mismo, porque la irrupción no fue violen-
ta, llama la atención que la mayoría de los testimonios*

de la época sean de gente alarmada, a la que esta
nueva presencia le resultaba amenazante.

Los rechazan porque esta aparición rompía las reglas del juego político: esto le confiere su condición de bisagra de la historia. Lo que se vio en la Plaza de Mayo el 17 de octubre ya no era el pueblo, el pueblo entre comillas de los discursos radicales o socialistas. Lo de ahora era otra cosa, era otro tipo de gente.

¿Cuáles son las reglas que quiebra el 17 de octubre y cuáles las que impone?

Quiebra las reglas de juego de un grupo relativamente chico de gente que está en la política, que actúa o que hace actuar. De pronto, esta dimensión se multiplica y adquiere la magnitud de millones, por lo cual cierto tipo de política se hace totalmente irrelevante: la "política del servicio personal", como decía Moisés Lebensohn, la de los punteros del comité. Ahora se trata de multitudes a las cuales no se las puede inducir de ese modo; los dirigentes necesitan entonces otros instrumentos políticos para manejarse. Por otro lado, hay también una alianza implícita entre el pueblo y el Ejército, que es lo que da el marco al 17 de octubre y sostiene lo que el pueblo quiere: la libertad de Perón. Yo diría que, en tercer lugar, el 17 de octubre significa también un parricidio espectacular, porque los dirigentes tradicionales del país son marginados. Esos hombres como Pueyrredón, Güemes, Tamborini o Sabatini del lado radical; los líderes conservadores, las grandes figuras del socialismo como Palacios o Dickman y otros personajes que sin pertenecer a un partido político concreto tenían injerencia en la vida pública aparecen desplazados violentamente. La gente que el 17 de octubre concurre a la Plaza deja de lado a todas estas figuras y respeta la conducción de personajes casi anónimos: dirigentes sindicales de segunda línea, gente de los suburbios que tenía cierta influencia sobre los trabajadores.

¿Todo un rasgo nuevo en la forma de hacer política: los políticos cerca de la gente, tratándola con frecuencia?

Sí, eso es decisivo: la gente conocía de muy cerca a sus dirigentes. Esto se revela claramente en las elecciones de febrero del '46 cuando las listas de candidatos laboristas (el laborismo es el partido con el que se presentó Perón como candidato a presidente) están integradas con nombres totalmente desconocidos. Son dirigentes sindicales; los conocen los metalúrgicos, los textiles, los azucareros, pero para el gran público, no existen. Pero son los nuevos dirigentes.

Usted acaba de decir que con el 17 de octubre se produce por primera vez la alianza pueblo-Ejército. ¿El Ejército era masivamente peronista?

No, no lo era; lo había demostrado en octubre del '45 cuando pide —por lo menos la guarnición de Campo de Mayo— la renuncia de Perón. Pero ante esa manifestación masiva, asienten. El Ejército fue, en ese momento y después, peronista en su cúpula, pero en sus cuerpos de oficiales había también muchos elementos antiperonistas. Los que hacen la revolución en el '51 con Benjamín Menéndez y la del '55 con Pedro Eugenio Aramburu lo eran. Pero el 17 de octubre, ante esa manifestación insólita e inédita, el Ejército queda como dándole marco, sin oponerse, tal vez no muy entusiasmado por la presencia de un pueblo que podía descontrolarse. El criterio de autoridad, que es tan caro para los militares, parecía perforado en ese momento pero, de todos modos, no hicieron nada para oponerse.

Cuando hablamos de Perón como uno de los moto-res de nuestra historia, usted mencionó la carta que le manda a Eva desde Martín García, en la que parece desear un destino mucho más sereno y humilde que el que finalmente llevó adelante. ¿En qué momento Perón fue consciente de la magnitud del 17 de octubre?

Yo tengo la impresión de que recién a media tarde de ese día empezó a darse cuenta de lo que pasaba, estando todavía en el Hospital Militar. A través de la información que le iban trayendo sus amigos advirtió que lo que pasaba en Plaza de Mayo era algo nunca visto. Y ahí es cuando recupera las fuerzas y el ánimo, pronuncia su discurso y se lanza a la lucha política.

¿Como un gran improvisador?

Como un gran pragmático. Tres días antes estaba en la lona... Tres días después, envalentonado por los acontecimientos, se engrandece, se pone delante de los hechos y se larga a la lucha y a la carrera política.

Si usted mira hoy a la distancia su libro El 45 *y lo compara con todos los trabajos que narraron e inter-pretaron el 17 de octubre, ¿cuál cree que es el 17 de octubre que contó usted?*

Creo que fue el real. Tal vez embellecido un poco por la prosa, por la perspectiva histórica, por esa sig-nificación que fue adquiriendo después con el tiempo, pero creo que fue el real. No se inventó nada, no creo que haya exagerado en nada tampoco y el libro tiene el mérito de la ecuanimidad: mi corazoncito no estaba con ese episodio.

¿Usted estaba en Buenos Aires ese día?

Yo estaba en Buenos Aires, sí.

¿Se acercó a la Plaza?

No. Estaba enfermo ese día, pero mis amigos me traían informaciones, comentarios de lo que pasaba.

¿Cuántos años tenía en ese momento?

Veinte.

¿Ya militaba en política?

Sí.

¿Imaginó que Perón podía ser el conductor de un proceso tan novedoso? ¿Lo subestimó o creyó que iba a ser un personaje importante en la política argentina?

Mire, en general la gente de mi partido, el radicalismo, lo veía a Perón como un peligro de nazifascismo: tal era el lema que adoptó la Unión Democrática para definirlo. Pero, en el fondo de mi corazón, yo veía que Perón estaba encarnando un fenómeno realmente muy revulsivo y muy trascendente también, y esto me daba que pensar. Hay una frase de Confucio: "Cuando la gente sigue a alguien, hay que examinar el caso". En realidad, nosotros no examinamos el caso. La gente de mi generación y de mi línea, los intransigentes sabatinistas dentro del radicalismo, quedamos un poco abrumados por la propaganda que se hizo para intentar borrar el 17 de octubre. Prácticamente se lo ninguneó en los grandes diarios de la época y en los grandes partidos. Para ellos, no había existido el 17 de octubre o, en todo caso, había sido un hecho casi policial nada más. En ese tiempo, la influencia de los grandes diarios y de algunas instituciones como la Universidad y la Federación de Estudiantes era muy importante, por lo menos sobre ciertas capas de la población. Nos dejamos llevar entonces por esa actitud equivocada. Pero también existían razones para alimentar esa actitud. Perón era, no debemos olvidarlo, un hombre salido de un ejército pro nazi. Había utilizado formas muy demagógicas para escalar posiciones. Había mantenido una política antidemocrática en el sentido de poner presos a opositores: había motivos para inquietarse por ese personaje.

¿Ya antes de llegar a la presidencia?

Sí, durante el gobierno de facto de Edelmiro J. Farrell ya asomaban características que después se desarrollarían plenamente.

¿Cómo llegó el gobierno de Farrell hasta las elecciones de febrero de 1946? Me refiero a cómo toleró la competencia con ese personaje que crecía de manera tan enérgica.

El gobierno acompañó desembozadamente a Perón, con actos o con omisiones que mostraban una gran simpatía por su candidatura. Candidatura que, por otra parte, era la salida eficaz que le veían a la revolución. La del '43 fue la única revolución en nuestra historia que pudo imponer una salida propia. Uriburu no logró imponerla en el '30, la Libertadora tampoco pudo en el '58. En cambio, los militares que hicieron la revolución en el '43, cuando entregaron el poder a Perón, pudieron irse a su casa honorablemente diciendo "hemos cumplido la voluntad del pueblo".

¿Algo así como "dimos elecciones libres y pusimos al candidato que queríamos"?

Claro: "llegamos a elecciones, tal como habíamos previsto y prometido, y pusimos al candidato que queríamos y que el pueblo eligió". De todas maneras, hay que recordar que el triunfo de Perón fue por los pelos en el '46.

¿Qué significa "por los pelos"?

Con un porcentaje de diferencia muy chico: 51% para Perón, 49% para la Unión Democrática. Fue la peor elección que hizo Perón en toda su carrera. Pero le bastó para tener el gobierno nacional, casi todos los gobiernos provinciales, la casi unanimidad del Senado y los dos tercios de la Cámara de Diputados.

¿Es la carrera política más "rendidora" de nuestra historia, en el sentido de que le lleva muy poco tiempo captar la voluntad de la gente?

Sí, porque desde que aparece en escena hasta que es elegido como presidente constitucional pasan apenas tres años, lo cual demuestra que Perón significaba algo, no era un invento, ni un político artificial. Indudablemente tenía una significación que la gente le reconocía: la irrupción novedosa y la idea de justicia social, que se había agitado muchas veces antes, pero que en este momento se expresaba en formas muy concretas: estatutos, aguinaldos, aumentos de sueldos. Además de eso, Perón tocó otra área sensible: el siempre vigente sentimiento nacionalista de la Argentina, que estimuló cuando planteó el lema Braden o Perón, es decir, presuntamente, los intereses de la Argentina versus los de los Estados Unidos. La pretensión de Perón era triunfar sobre los Estados Unidos, en un momento en que los Estados Unidos triunfaban en todo el mundo. Era un poco una locura, pero eso caló

160

muy hondo en la gente. Es notorio que el triunfo de Perón fue favorecido por el gobierno del que había formado parte. Pero él supo cómo ganarse a la gente.

De la misma manera entonces que Perón llegó legítimamente al poder, ¿usted cree que también lo abandonó mediante un método legítimo? Me refiero a la Revolución Libertadora, a la que buena parte de la población avaló en ese momento y algunos juzgan como otra bisagra de la historia.

Un derrocamiento nunca es legítimo y a mí la experiencia histórica me ha demostrado que ningún derrocamiento de un presidente constitucional es bueno. Pero hay que ponerse en el contexto de la época. Para mucha gente, el régimen de Perón no ofrecía salida de ninguna clase. El tratamiento a la oposición no solamente era arbitrario y brutal, sino que se habían tomado recaudos legales, repito, legales, para evitar que la oposición pudiera alguna vez poner en peligro el régimen. Recordemos por ejemplo la ley de circunscripciones "truchas" que hacían imposible que ganara la oposición mediante el dibujo de circuitos en donde la posible mayoría opositora estaba contrapesada por evidentes mayorías oficialistas. También estaban clausuradas las salidas posibles por la existencia de un Congreso donde la mayoría peronista era abrumadora: en el Senado, unanimidad; en la Cámara de Diputados, más de las dos terceras partes, porque un sector de la oposición había renunciado a sus bancas después de 1950. Piense además en el clima que generaba el estado de guerra interno que se implantó inconstitucionalmente en 1951 y en el agobio de toda la estructura de poder que el Estado había ido acumulando y que incluía el dominio del Ejército, la Policía, el periodismo (salvo alguna excepción), la educación, el deporte... En fin, todos los aspectos importantes de la vida argentina estaban sometidos a los arbitrios del peronismo. Para muchos opositores no había otra salida entonces que un golpe de Estado, una revolución. Y no dudo en decir que el mismo Perón impulsó su final, a través de una política errática e incomprensible entre el golpe del 16 de junio y el del 16 de septiembre, con la que hizo que las cosas aparecieran como carentes de otra posibilidad que no fuera la violencia. El discurso del 31 de agosto de 1955 —donde Perón prácticamente autoriza a cualquiera a matar a cualquier opositor, y donde habla de que por uno de ellos que cayera, caerían cinco de los del otro bando— horrorizó a mucha gente y, entre ellos, a muchos militares también, a quienes los indujo a salir fuera de los cuarteles. Por otra parte, Perón ya había dejado de tener la lucidez política que lo había caracterizado. Se enfrentó en forma gratuita con la Iglesia, y con ese gesto creó la trinchera que hasta ese momento la oposición no había logrado articular: fuera cual fuera su condición religiosa, o incluso sin tenerla, los disidentes se agruparon alrededor de la Iglesia porque vieron que ése era el baluarte desde donde se podría golpear a Perón. Y Perón, en vez de desarmar esa base, la siguió hostilizando. Y bueno, las convicciones religiosas, cuando son profundas, no se erradican con persecuciones, ¿no es cierto?

Me parece importante observar, sin embargo, que suele confundirse en la memoria colectiva la Revolución Libertadora en sí con sus gobiernos. Es probable que el golpe de septiembre de 1955 contara con la aquiescencia de muchos peronistas que ya estaban totalmente desorientados y decepcionados sobre la política de su jefe. Hay que pensar que muchos dirigentes peronistas, sobre todo mujeres, podían ser profundamente católicos y debían forzar sus conciencias para aceptar la disciplina partidaria y votar las leyes anticatólicas que el Poder Ejecutivo mandaba al Congreso.

Parece increíble pero Perón, que en un principio fue un aglutinante de diversos sectores alrededor de ideas como la justicia social, se había convertido en un elemento de disgregación y enfrentamiento de la sociedad argentina. Yo creo que la Revolución Libertadora fue saludada con alivio por muchísima gente, tal vez por la mitad de la población; pero la pasividad de la otra mitad, el hecho de que la gente que gritaba "la vida por Perón" no se mostrara dispuesta a defenderlo, indica también que el peronismo había perdido buena parte de su mística y su dinámica.

Pero, ¿por qué digo que los gobiernos de la Revolución se fueron diferenciando del ímpetu inicial de la Revolución misma? Porque estuvieron animados, el del general Eduardo Lonardi y el del general Pedro Eugenio Aramburu sobre todo, por un profundo antiperonismo y por la idea ingenua de que quitando los símbolos del peronismo podía borrarse éste de la memoria colectiva. El tiempo demostró que esto no era así, y ésta fue tal vez la causa original de todos los descalabros que vinieron tras la decisión de mantener proscripto al peronismo. No me canso de remarcar que la proscripción del peronismo quitó un elemento fundamental al juego político y lo convirtió en algo incompleto, mutilado y, por lo tanto, ilegítimo.

Pero la Revolución Libertadora fue antiperonista desde su inicio. No me queda claro cuál es la diferencia entre su ideología gestante y la de los gobiernos que la encarnaron.

En parte, los equipos promotores y los que finalmente llegaron al gobierno fueron distintos, pero también fue distinta la ideología. El hecho revolucionario se llevó adelante en nombre de la libertad, la necesidad de reconstruir la convivencia y la conveniencia de quitar del escenario a un hombre que ya despertaba

163

demasiadas resistencias y temores. Los gobiernos posteriores tuvieron que hacer operativos estos principios. Pero hacer operativos estos principios implicaba cosas muy antipáticas y sin duda objetables. Surge entonces esa conducta y esa ideología que se llamó "gorilismo", más recordada y enjuiciada por la memoria colectiva que el hecho mismo de la Revolución.

¿Todos creían que la única salida era la proscripción? ¿A nadie se le ocurrió que la solución para resolver el "problema del peronismo" era otra? ¿No hubo debate?

Mire, casi todos proclamaron la necesidad de terminar con la proscripción, hasta el mismo Aramburu en tiempos en los que ya gobernaba Frondizi. Pero cuando el levantamiento de la proscripción se hace realidad, se produce el triunfo del candidato peronista a la gobernación de Buenos Aires, Andrés Framini. El escándalo y las presiones militares obligan a anular las elecciones y se acelera la caída de Frondizi. Y no solamente se desarticula el gobierno de Frondizi, que es finalmente derrocado, sino los gobiernos posteriores. Todas las dificultades del gobierno de Guido residen en las idas y vueltas acerca de cómo se debe evitar que el peronismo vuelva. Por los mismos cimbronazos pasa Arturo Illia, que no es derrocado por ser una "tortuga" ni por encabezar un gobierno ineficaz, sino porque en la nueva convocatoria a elecciones en la provincia de Buenos Aires iba a ocurrir lo mismo que en 1962 con Framini.

¿Cómo se podía solucionar todo esto? Desde aquí, ahora nos parece que hubiera sido sencillo levantar la proscripción. Pero con Fuerzas Armadas que estaban tan comprometidas con el antiperonismo, era impensable suponer que iban a tolerar el regreso del peronismo. Alcanzar la legalidad, la legitimidad política, no iba a ser una cosa fácil, como los hechos lo demostraron. Por otra parte tampoco hubo, desde el peronismo, una actitud de cooperación para lograr una salida institucional en la que ellos pudieran participar. El peronismo, inspirado por el propio Perón, tuvo una posición muy dura, muy de todo o nada y sin capacidad de flexibilizar posiciones. Esa intransigencia atrasó cualquier solución.

¿Se puede hacer un balance ecuánime de los gobiernos de la Revolución Libertadora? Porque usted marca cierta inevitabilidad de la decisión, pero uno no puede dejar de sumar a la proscripción, la represión violenta del peronismo.

Yo creo que el saldo más positivo de la Revolución Libertadora fue la recuperación de la posibilidad de debate en el país sobre los grandes temas nacionales. Por supuesto que dentro de este debate estaba excluido el peronismo, por lo menos oficialmente; pero al menos se recuperó la capacidad de discutir libre y ampliamente sobre los temas cruciales del país, algo que se había perdido bajo el gobierno de Perón. En tiempos de Perón, el peronismo y todos los funcionarios confiaban ciegamente en todo lo que el líder hacía o decía. Usted es muy joven para acordarse, pero yo recuerdo bien que después de la Revolución Libertadora se formaban grandes corrillos frente a las vitrinas de los diarios como *La Prensa* y *La Nación*. Ahí se discutía a grito pelado sobre cualquier tema de actualidad, en una especie de asamblea popular improvisada que se renovaba todos los días. Se pueden revisar los diarios y las revistas de la época, y advertir cómo de pronto habían surgido temas que hasta ese momento habían sido ignorados o tapados. Se debaten por ejemplo cuestiones referidas a la explotación del petróleo, el respeto a la Constitución, el rumbo de la política económica o internacional. Se restablece y fortifica el debate que había sido cancelado en el país por el autoritarismo peronista. Creo que existía una suerte de necesidad espiritual de poner en tela de juicio todo lo que hasta entonces no se había podido discutir. Me acuerdo, por ejemplo, de algo impensable bajo el peronismo: el gran economista Raúl Prebisch hablando ante una asamblea de estudiantes de Ciencias Económicas bastante hostil. Desde la caída de Perón, cosas como éstas empezaron a ser comunes en la universidad y fuera de ella. La recuperación de la universidad como un ámbito de debate y de formación de excelencia fue también muy positiva.

Al lado de estos avances tenemos cosas tan deplorables como los fusilamientos de junio de 1956. Tampoco fue feliz el restablecimiento, por decreto, de la Constitución del '53. Era necesario revisar la reforma del '49 hecha bajo el peronismo, pero el método del decreto no puede ser avalado. Todo éste fue un período de extrema transición en donde el gobierno —sobre todo el de Aramburu, pero también el de Lonardi— estuvo en manos de los civiles de turno, civiles que a veces improvisaban y que luego de disfrutar un tiempito de "la manija", debían dejar el lugar a otros.

¿Civiles de qué orientación política?

En la época de Lonardi se trató de nacionalistas y esto fue lo que provocó su derrocamiento. En la época de Aramburu generalmente fueron liberales de derecha, aunque también participaron otros grupos políticos que tenían cierto peso. El socialista Alfredo Palacios, sin ir más lejos, fue una figura importante en la Revolución Libertadora. Es cierto que la Junta Consultiva era un remedo del Parlamento, que por supuesto no existía, pero en ella estaban representadas

166

las expresiones políticas más importantes del país por esos años, salvo el peronismo, obviamente.

¿Cómo digiere la Revolución Libertadora el hecho de que Frondizi, un político del que el Ejército desconfiaba, ganara las elecciones que ellos habían convocado?

El gobierno de la Revolución sabía que no había otra salida que no fuera constitucional. Aramburu había empeñado su palabra y la de su grupo, pero sin duda el triunfo de Frondizi no les gustó. Hubieran preferido otra cosa, pero bueno, no pudieron evitarlo. Se la aguantaron y cumplieron el compromiso ante el país de entregar el poder, aunque el perfil de Frondizi les resultara a muchos actores, sobre todo militares, profundamente dudoso.

¿El país había quedado medianamente pacificado o la proscripción del peronismo había dejado huellas indelebles en la vida cotidiana?

Yo diría que la Revolución no contribuyó a pacificar el país; al contrario, radicalizó, sin quererlo, al peronismo; hizo que aparecieran algunas expresiones violentas que hasta entonces no formaban parte de la estrategia peronista y, sobre todo, mostró que una mitad del país no era tenida en cuenta. La Revolución Libertadora construyó una democracia para pocos y, como era el propio gobierno el que decretaba quiénes eran los demócratas, ahí salía perdiendo el ciudadano peronista que, por sus antecedentes y filiación, se descontaba —desde el punto de vista oficial— que tenía poco apego por la democracia. Yo no sé qué otra solución podría haber existido en ese momento, habida cuenta de que el peronismo seguía teniendo un peso mayoritario que fue demostrado una y otra vez, como también se demostraba que las convicciones del antiperonismo no permitían ninguna participación del peronismo. La mirada más amplia fue la de Frondizi, que veía la necesidad de volver a insertar al peronismo dentro de la vida institucional, pero de una manera gradual. Pero, insisto, no olvidemos que el peronismo no cooperó. Perón jugó siempre el todo por el todo. Desde los primeros meses de su exilio, cuando está en Venezuela y en Panamá, y luego en Santo Domingo, muestra una radicalización demencial a través de las cartas que le manda a su entonces delegado, John William Cooke. Hay que ver también las cartas de Perón al padre Filipo que ha publicado Martha Cichero. Son instrucciones desmesuradas, irracionales: "A los dirigentes de la Revolución habría que matarlos; hay que tratar de que un camión les pase por encima; deben ser envenenados". Éste era el marco dentro del cual se daba la proscripción del peronismo. Era una situación de esas que uno sabe que son malas, pero que no tienen solución a la vista. Sólo el tiempo y la historia pueden solucionarlas.

Cuando le tomamos prestada la palabra "bisagra" al ex presidente Raúl Alfonsín, descontábamos que la recuperación de la democracia en 1983 aparecía como uno de esos giros fuertes de nuestra historia. No sé si es objetivo, pero creo que cuando ciertos hechos coinciden con la vida de uno, uno tiende a sentirlos como únicos o más importantes que episodios similares pero anteriores. Para los que hoy tenemos entre cuarenta y cincuenta años, el golpe de Estado de 1976 y la vuelta a la democracia aparecen —por su gravedad o por su carga emotiva— como hechos rotundos, incomparables con otros golpes u otras democratizaciones. ¿Es una sobrevalorización o la historia nos da la razón?

Si hablamos de experiencias individuales, debo decirle que yo estaba en los Estados Unidos cuando ocurrió la revolución del '76, de modo que no tuve una vivencia demasiado directa aunque, desde luego, desde días y semanas antes uno ya sabía lo que iba a pasar. En cambio, la recuperación de la democracia en el '83 para mí está asociada con un sentimiento que fue mío, pero que creo también fue general: la alegría. El 10 de diciembre, cuando Alfonsín asumió la presidencia, fue un día alegre, lleno de esperanzas y de valores que recobrábamos junto con la democracia. De modo que creo que usted tiene razón cuando dice que hay emociones personales que están asociadas con hechos públicos importantes. Pero nuestra alegría tal vez fue un poco ingenua, porque indudablemente las condiciones en las que la democracia volvía a funcionar en el país no eran las mejores. Sabemos que había todavía Fuerzas Armadas que estaban custodiando y avalando la actuación de sus camaradas durante la guerra sucia; había un movimiento sindical que estaba dispuesto a exigir todo y a no perdonar nada al nuevo gobierno; y había un gran partido opositor, el peronismo, al cual su derrota le significó una enorme decepción porque estaba acostumbrado al triunfo, y que se proponía ejercer desde el principio una oposición muy dura. En fin, tal vez lo más difícil que tuvo que remontar Alfonsín fue esta idea, que tantas otras veces se ha dado en nuestro país, de que todos los problemas se solucionarían mágicamente por la sola recuperación de la democracia. El tiempo demostró que no era así, que cada paso iba a costar mucho, y que sólo algunas cosas podían ser conseguidas. Mucho, sin duda, quedó en el camino, pendiente.

Cuando repasamos los motores que habían dado energía a la historia argentina, usted incluyó a Raúl Alfonsín, pero relativizándolo, es decir, marcando que no sabía si se trataba realmente de un motor o de la resultante de un proceso que él había sabido encarnar.

¿Qué factores históricos se habían combinado para que la salida democrática pudiera ocurrir?

Por lo pronto, una memoria muy fresca de lo que había pasado durante la dictadura y que nadie quería que se repitiera. La opinión se dividía en este sentido entre los que querían un castigo implacable a los responsables, los que preferían que todo se olvidara y los que matizaban las sanciones que debían establecerse. Pero, de todos modos, era palpable una firme voluntad de que lo que había dado sustento al autodenominado Proceso de Reorganización Nacional no se repitiera nunca más y que, dentro de lo posible, los responsables fueran sancionados. En segundo lugar, jugaba también la ineptitud del gobierno militar que, si en lo económico había llevado al país a la expoliación, a la pobreza y a la inflación creciente, en el plano político había fracasado totalmente, como lo demostró —entre otras cosas— esa loca aventura de Malvinas. Nadie quería que todo esto se repitiera. Ese recuerdo feroz de la gente que un día se desayunó con la noticia de que tres personas habían decidido que la Argentina entrara en guerra con la OTAN, aun cuando Malvinas implicaba una vieja reivindicación incumplida, pesaba en la memoria colectiva como el costo doloroso de tanta improvisación. La arbitrariedad y la injusticia que todo gobierno de facto implica eran marcas indelebles, que cada uno de nosotros buscaba desterrar de nuestras vidas para siempre. De modo que podemos decir, con el recuerdo de la alegría de entonces, que la historia pesó de manera decisiva en la acogida que tuvo la restauración de la democracia.

Recuerdo la actitud de la Multipartidaria —la alianza de casi todos los partidos políticos que buscaban una salida democrática en diciembre de 1982—, cuando convocó al pueblo en respaldo de elecciones in-

mediatas, o la de la Cámara de Diputados, que en marzo de 1999 se pronunció mayoritariamente en defensa de la democracia y en contra de manipulaciones de la Constitución para lograr una eventual re-reelección del presidente Carlos Menem. ¿Hay momentos en los que los políticos advierten un abismo demasiado cercano y olvidan internas o enfrentamientos circunstanciales y actúan a la altura de la historia?

Sí, por supuesto. Hay momentos en los que no sólo los políticos sino los dirigentes en general —empresarios, sindicalistas, eclesiásticos, militares, académicos— tienen una visión más lúcida de lo que está pasando. En general ocurre cuando son capaces de observar los procesos sin los celajes que suelen acarrear las pasiones políticas y que velan la interpretación de los hechos. Hay momentos en que todo se perfila con nitidez, quizás por la dramaticidad de los hechos, y entonces los políticos, que son gente como uno, gente común, logran sintonizar con la realidad de una manera más audaz y sutil a la vez. Me gustan los dos ejemplos que eligió: la iniciativa de la Multipartidaria y la de la Cámara de Diputados. Como se decía en Francia, en ambos episodios se logró la "unión sagrada". Frente a hechos graves, de los que parece que no hay retorno posible, se hace evidente una posibilidad de entendimiento entre sectores que normalmente compiten entre sí. A eso aludo cuando hablo de los momentos en que la historia pesa y se pone delante de los hombres.

Pero no todo fue alegría en esta bisagra de 1983, como usted señaló. ¿Cuántas deudas no pudo pagar Alfonsín?

Hay deudas, claro. Pero la restauración de la democracia, lo sabemos, implicó no solamente poner en funcionamiento instituciones que habían quedado aniquiladas o marginadas, sino que también alentó una nueva conciencia en la gente, en el sentido de participar en la cosa pública, y de exigir su control. Entre las deudas, quizás está la de llevar adelante una adecuada reforma del Estado, que creo que Alfonsín impulsaba, pero que dadas las condiciones políticas fue imposible poner en marcha. Pero, en cambio, Alfonsín se atrevió a lanzar una iniciativa que me parece muy rica y que en el futuro va a tener que retomarse nuevamente: el traslado de la Capital. Creo que fue una idea mal presentada, por lo que la sociedad no se entusiasmó.

En realidad, la desechó de plano.

Sí, es cierto. Hasta el propio partido radical la aceptó fríamente, como una cortesía hacia su jefe político, pero nada más. Insisto: es una idea buena que alguna vez tendrá que retomarse.

¿Realmente le parece una buena idea? ¿Implicaría algún cambio cultural en la relación interior-Capital?

Implicaría, estoy convencido, sacar la Capital de un lugar superpoblado, hacer un drenaje de habitantes que le vendría muy bien a la ciudad. Sería una especie de sangría que beneficiaría a una ciudad que ya rompe sus costuras, que ya no da más. En segundo lugar, si bien no arreglaría nuestro viejo problema de centralismo, por lo menos fragmentaría un poco el centro de poder donde ahora se concentran todas las decisiones, daría al interior del país la idea de que sus gobernantes están más cerca de su realidad y de sus problemas. Y, sobre todo, daría la idea de que la Argentina, en este pasaje de un siglo a otro, es capaz de poner en marcha una iniciativa tan dinámica y tan original. Hace mucho tiempo que los argentinos no somos capaces de emprender algo como esto, algo tan gigantesco. Entonces, ponerlo en marcha, con todos los costos que puede significar, sería decirnos que los argentinos somos capaces de alentar un proyecto nuevo, revolucionario, renovador.

¿Lo que usted está diciendo es que a la historia política argentina le falta épica?

Claro, es eso. Si pudiéramos tomar ese eventual traslado de la Capital con un sentido épico, con la convicción de que sería un esfuerzo de todos en beneficio de todos, no dudo de que el resultado sería muy positivo.

¿Le convencía que la ciudad elegida para el traslado fuera Viedma?

No, no me pareció lo más feliz. Lo dije ya en un libro que publiqué en el '82. Creo que hay que cambiar la Capital. ¿Adónde? Que digan los técnicos y los políticos cuál es el mejor lugar. A Alfonsín le pareció que lo conveniente era Viedma. A mí me resulta un poco excéntrico. Yo veo más la nueva capital en el norte de Santa Fe o en el sur de Córdoba, pero eso es un detalle. No me atrevería a decir dónde debiera ser instalada, pero me entusiasma realmente la idea de mudar la Capital.

No dudo de que el relevamiento de esta bisagra arroja algunas deudas, pero si en el otro plato de la balanza está el Juicio a las Juntas, esa iniciativa de tanto peso ético de la que ya hablamos, creo que todo queda más que compensado.

¿El juicio en sí fue una bisagra? Me refiero a la nueva relación de fuerzas que estructuró entre civiles y militares.

173

Efectivamente, efectivamente. Piense en los costos que está pagando la democracia chilena —en inestabilidad, zozobras y presiones militares, desde que Pinochet fue detenido en Gran Bretaña, en octubre de 1998— por haber concertado un olvido sin justicia, sin revisión de cuentas. Acá todo esto fue más directo, más limpio. Desde luego que quedaron cosas pendientes, como no podía ser de otro modo. La Ley de Punto Final o la Ley de Obediencia Debida fueron imposiciones ingratas de una realidad que no se podía soslayar. Ningún presidente puede prescindir totalmente de la realidad en aras de sus principios: la realidad es obstinada, decía Lenin. Aquéllas fueron dos leyes que no gustaron a nadie, por empezar al propio Alfonsín, pero que se sancionaron como pasos hacia una pacificación mayor. De todos modos, cuando uno ve las dificultades con que tuvo que tropezar el gobierno de Alfonsín, advierte que la tarea fue descomunal y que tuvo un final inmerecido. Hubo una suerte de sublevación de una serie de intereses que llevaron a un desenlace muy desdichado.

¿Usted cree que lo que realmente ocurrió, por primera vez en la Argentina, fue un golpe de mercado?

Sí, creo que sí. Fue una suerte de golpe de mercado. Algún día se tendrá que establecer quiénes anduvieron en eso y cómo se desencadenó todo. Desde luego que la economía argentina transitaba por caminos muy estrechos y era muy vulnerable, pero todo podría haber seguido por carriles manejables unos cuantos meses más, hasta que el nuevo gobierno tomara la responsabilidad. Pero éstas son sólo conjeturas. Yo creo haberle dicho ya que tal vez el error de Alfonsín, como el de los radicales en general, es considerar al país como un conjunto de ciudadanos y no darse cuen-

174

ta de que hay una serie de factores que intervienen y presionan en defensa de sus intereses (que sin duda no son los derechos políticos solamente). Los radicales no saben conciliar estas situaciones y así dejaron el poder, acorralados por los que juegan fuerte en lo que ahora llamamos mercado. Lo que parecía ocurrir por entonces era que el gobierno no sabía cómo negociar e imponer reglas: sólo era capaz de ceder ante las presiones. Cuando se dieron cuenta de cómo venía el juego, ya estaban con la soga al cuello. Es la consecuencia de respetar a rajatabla un concepto muy republicano del país, mirado como un conjunto de ciudadanos. Sí, perfecto, en la teoría es así, pero no en la realidad.

¿Por qué uno sigue sintiendo que fue tan costosa esta última recuperación de la democracia?

Porque realmente lo fue. Dejémonos guiar por los recuerdos y por la experiencia personal. Fue un trámite realmente difícil para todos nosotros. Fue más difícil que otras salidas democráticas anteriores, porque estaba pendiente el tema de la represión. Esto no había ocurrido, por lo menos con semejante gravedad, en el gobierno de facto de los años '30, del '43, del '55. Es cierto que en el '56 hubo fusilamientos, pero no se articuló una política sistemática de las Fuerzas Armadas asumida por ellas con el objetivo de aniquilar a todo aquel que fuera a su juicio peligroso. Fue un proceso horrible que, además, degradó a las Fuerzas Armadas. Este factor influyó mucho en los años de Alfonsín y causó una perturbación permanente. Si quiere, las secuelas de esos años de plomo es probable que no nos abandonen nunca. Por otra parte, yo no soy un economista ni estoy capacitado para hablar de la herencia que dejó el Proceso, pero basta ver cómo aumentó la deuda pública para darse cuenta del desbarajuste que nos legaron. La guerra sucia y el desmadre económico tuvieron una magnitud que no se habían visto nunca en nuestra historia y eso hizo tan difícil y a la vez tan anhelada la recuperación democrática del '83.

Hay quienes dicen que el presidente Carlos Menem produjo una verdadera revolución política y cultural, en el sentido de que transformó el país en varios aspectos. ¿Menem es la última bisagra del siglo?

Sí, algunas cosas han cambiado, evidentemente. El hecho de que el Estado se haya desprendido de empresas y atribuciones ya de por sí es significativo. El estilo con que manejó él su propio partido, los sindicatos, las gobernaciones de provincia... no me satisface, pero hay que reconocer que es bastante novedoso también. De todos modos, yo creo que aún es temprano para un análisis riguroso. Habrá que ver los diez años de gobierno de Menem en perspectiva y juzgar la caída de los estándares éticos del país. Esa evaluación objetiva no puede obviar tantas transgresiones a la moral pública ni el alarmante aumento de la corrupción. ¿Sabe qué creo? Que Menem es la última bisagra de este siglo, pero con rasgos que yo no hubiera deseado para nuestra historia.

LAS CONSTANTES

Bisagras, giros fuertes, rupturas... Ya hemos hablado de esos quiebres. Pero la historia argentina debe tener también, imagino, algunas constantes que le dan un tono propio, una identidad. ¿Podríamos revisar ahora esas constantes?

Más que un tono o una identidad, esas constantes que sin duda existen en nuestra historia le dan a ésta una vertebración o una articulación, porque permanecen a través del tiempo, ya sea sobre o por debajo de cualquier cambio político, social y económico.

Hablemos de la constante que aparece más tempranamente: el sentido de igualdad, que se plantea desde el principio, desde la Revolución de Mayo misma, como un objetivo un tanto ilusorio, si se quiere, pero que va avanzando lentamente y se va robusteciendo a través de toda la historia. Piense en un dato clave: ya en el mil ocho veintitantos, en la provincia de Buenos Aires contaban con el voto universal; incluso los asalariados lograron el derecho de voto, lo que da una idea acabada de la preocupación por la igualdad política. Cuando en las últimas décadas del siglo XIX se produce la llegada masiva de inmigrantes, es notoria la preocupación, tanto de los recién llegados como de los criollos, de que la integración se vaya consolidando sin discriminaciones y con posibilidades parejas para que los hijos de los inmigrantes vayan ocupando un lugar bajo el sol en el campo político, social, académico, científico. Creo que este sentido de la igualdad es uno de los rasgos que han promovido una sociedad singular en América latina: una sociedad donde no existen las castas, sino clases, y en la que los prejuicios derivados de las diferencias de nacimiento, o de cualquier otro tipo, prácticamente no existen.

Esto está ligado, por supuesto, a otra constante, la orientación democrática de la vida argentina. Ésta es una sociedad hondamente democrática. La democracia como sistema político no hace más que expresar lo que es la sociedad argentina en sus convicciones, sus ideas, su formación. Es ésta una continuidad que se va dando progresivamente y que recibe una afirmación importante aun antes de la ley del voto universal y obligatorio de 1912. Los gobiernos conservadores de fin y principio de siglo tienen convicciones democráticas firmes y lo demuestran con su amplia apertura a las demandas de las clases medias. Yrigoyen profundiza esa línea con un manejo transparente de los intereses públicos y Perón sigue en el camino de democratización, haciendo uso de las herramientas de su política social. Yo recuerdo que en los primeros años del gobierno de Perón uno veía a gente vestida "como uno" —pongámoslo entre comillas—, a pesar de que uno se daba cuenta de que esa gente eran obreros, mucamas, no representantes de la clase media, pero que habían podido adquirir —lo que era infinitamente lícito— hábitos y estilos que implicaban mejoras en su condición. Algo similar habían observado periodistas extranjeros en la época del Centenario: la vestimenta de la gente marcaba una homogeneidad igualitaria.

Me resulta sorprendente que en la década del veinte, en el siglo diecinueve, todos tenían la posibilidad de votar. ¿Quiénes estaban habilitados?

Todos los mayores de veintidós años, según la norma que regía en la provincia de Buenos Aires.

¿Nacidos en la provincia, o en cualquier lugar del país?

Bastaba con ser habitante de la provincia.

¿Y votaban para elegir qué tipo de representantes?

Por candidatos a diputados. En realidad, no votaron nunca por gobernadores, pero sí por diputados. Hablo de los tiempos de Martín Rodríguez, Las Heras e incluso Rivadavia.

No entiendo. ¿Entonces ese derecho luego se fue restringiendo hasta hacer imprescindible la demanda tan intensa y consecuente de los radicales en este siglo?

Bueno, lo que pasa es que una cosa es el derecho al voto y otra, el ejercicio limpio y sin obstáculos del mismo. Debemos reconocer que en el siglo XIX, el derecho existía mucho más en teoría que en la práctica, lo cual ya es un paso adelante. Manuel Dorrego, en el Congreso de 1826, fue el campeón de dar el voto a todos sin restricciones. Había quienes opinaban que los asalariados no estaban en libertad, porque dependían de la voluntad del patrón, mucho más en esa época en que el voto era público. Pero Dorrego insistió en que todo habitante debía tener derecho a voto. Él venía imbuido de toda la idea de la democracia norteamericana que había vivido en sus años de exilio en Baltimore. Es probable que estuviera contagiado de un sentido casi utópico de democracia, pero no por eso su ímpetu tenía menos valor. En la época de Rosas, prácticamente no se votó. Las listas, digitadas por el go-

179

bierno, se mandaban a los jueces de paz; se hacía un acta y así quedaba consagrado cada diputado. Luego de la caída de Rosas, el voto se ejerce de una manera incluso violenta toda vez que es necesario; en realidad, más de una vez las elecciones eran verdaderas batallas campales donde la coacción de unos sobre otros determinaba el resultado. De modo que el reclamo tan legítimo de los radicales tenía que ver, más que con la teoría, con el ejercicio operativo y verdadero del sufragio.

¿Este sentido de equidad, de igualdad, habrá sido el que actuó como freno cada vez que a alguien se le ocurrió proponer un sistema de gobierno vinculado a formas monárquicas?

Sí, evidentemente. Nuestras masas eran republicanas, aun cuando no supieran bien qué era la república; pero, aun por instinto, siempre fueron republicanas. Cada caudillo valía sólo en la medida que representaba gente: cada lanza equivalía a un voto.

¿Me permite dudar del sentido de igualdad como una constante que llega hasta hoy? ¿La Argentina no es un país cada vez menos equitativo?

Sí, y es muy preocupante. Hay una enorme concentración de la riqueza y una merma notoria, para los que no pueden acceder a una educación de calidad, en las oportunidades para ingresar y competir en el mundo del trabajo y del progreso. Efectivamente es así. Una de las grandes instituciones que operó a favor del sentido de igualdad fue la escuela pública, desde las últimas décadas del siglo pasado. Incluso en la época de Yrigoyen se instituyó como norma que los alumnos de escuelas públicas fueran vestidos con delantal blanco, lo cual implicó un símbolo fuerte de

180

igualdad. Esto que parece un hecho banal, burocrático, es muy importante. Revela una nueva afirmación del sentido igualitario de la sociedad argentina, que era reforzado día a día con los contenidos sólidos y homogeneizantes que se impartían en la escuela pública, tanto a hijos de familias encumbradas como humildes.

Por eso hoy es imprescindible mejorar la escuela pública, porque es una magnífica herramienta igualitaria. En la actualidad, la clase media y media alta no manda a sus chicos a la escuela pública, porque la considera un desastre. Y esos chicos, a medida que van sólo a colegios privados, se enquistan, se encapsulan, se aíslan del resto de la sociedad. Hemos perdido, desgraciadamente, esas aulas donde convivían en igualdad y democracia el hijo del médico, el del canillita, el del almacenero y el del empresario.

¿Hemos perdido esa mezcla de la que salía una cultura enriquecedora?

Hemos perdido esa mezcla de la que salía lo que somos. O lo que hemos sido.

Una constante que se degrada... ¿Habrá otras en esa dirección?

Sí, la incapacidad de la Argentina para financiar su propio desarrollo, por ejemplo. Desde el principio, se necesitaron capitales externos, en forma de empréstitos o de inversiones, para poner en marcha nuestros recursos. Hubo momentos de gran despegue económico, sin duda —a fines del siglo XIX, por ejemplo—, pero, de todos modos, fue una expansión lograda siempre sobre la base de capitales que venían del exterior. No son los argentinos los que a fuerza de ahorro interno logran poner en marcha su país, como ocurrió en Estados Unidos. Son, en realidad, el capital y la técni-

181

ca extranjeros los que hacen que la Argentina vaya avanzando posiciones dentro del mundo de fin del siglo XIX. Lo mismo ocurrió a lo largo de todo este siglo. Frondizi fue uno de los pocos que reflexionó sobre las ventajas y las desventajas de esta dependencia. Se mostró como un muy lúcido estadista cuando manifestaba que no se oponía a las inversiones extranjeras; por el contrario, las convocaba, pero en aquellos campos donde le convenía al país que acudieran, no de forma indiscriminada.

Si estoy en lo cierto, la primera vez que la Argentina pidió plata fue a través del empréstito Baring, durante el gobierno de Bernardino Rivadavia. Me parece, a la vez, que ese gesto encierra casi un pecado original: el préstamo viene teñido con una sospecha de corrupción. ¿Por qué se necesitaba pedir plata y por qué siempre fue tan oscura la relación con la banca Baring?

Rivadavia pidió plata fundamentalmente para construir el puerto, para hacer perforaciones y sacar agua, y para hacer una línea de poblaciones en la frontera. Pero el dinero se evaporó sin que se pudiera invertir en ninguno de esos tres temas, que eran realmente importantes. Se diluyó entre la guerra contra Brasil, las comisiones desmesuradas que se pagaron y la devaluación del peso papel. Todo esto demostró lo que digo: que desde el principio se necesitó una palanca externa para poder arrancar.

¿Aquí no había capitales suficientes o no había confianza para invertir en el desarrollo del país?

Yo creo que no había grandes capitales. Había algunas fortunas individuales sobre la base del comercio, pero eran sin duda pocas. Recién después de Caseros se organiza, por ejemplo, una sociedad de argentinos para hacer un ferrocarril hasta Flores, que finalmente logró ponerse en marcha. Pero el gran despegue ferroviario no podía depender sólo de capitales argentinos; evidentemente se necesitaba ahí la inyección del capital inglés. Lo que llama la atención es que esa necesidad, comprensible a mediados del siglo pasado, se haya vuelto a repetir a lo largo de todo este siglo y se haya transformado en una constante de nuestra historia.

Esa constante parece basada en una relación de amor-odio. Dependemos de los capitales extranjeros, pero hay también un debate permanente sobre la conveniencia o no de recibirlos.

Es cierto. Ese debate, con intermitencias, cruza toda nuestra historia. A fines del XIX, por ejemplo, hay una aceptación serena y hasta feliz, porque los capitales traen prosperidad y crecimiento. Pero unos años antes, en la década de 1870, hubo un debate muy intenso sobre industrialización, que creo ya haberle mencionado y que fue llevado adelante por Vicente Fidel López y por Carlos Pellegrini en la Legislatura de la provincia de Buenos Aires, durante la presidencia de Avellaneda. Ambos estaban convencidos de que la Argentina no tenía destino como país agropecuario y de que era imperioso fomentar todo tipo de industrias, desde las que simplemente transformaban materia prima argentina, como la lana, por ejemplo. Pero el debate tiene de fondo una crisis, que es la situación fiscal que azota al gobierno de Avellaneda en un principio. Cuando pasa la crisis, se olvida también la pelea por industrializar el país. Sin embargo, los ejes del debate eran muy interesantes porque ponían en cuestión el tipo, la calidad y la cantidad de capitales que se requerían. Hay que reconocer que no se estaba hablando de armar grandes industrias, sino casi artesanales, relativas a la indumentaria, por ejemplo.

¿Hay por esos años capitales interesados en industrias pequeñas y locales como usted señala, o los que invierten quieren hacerlo en emprendimientos como el ferrocarril o el puerto, que les aseguran la expansión de su propio comercio?

Los capitales que llegan —ingleses, franceses, belgas, alemanes— se dispersan por las áreas más diversas. En ese sentido, no hay ni planificación de las inversiones ni, mucho menos, discriminación de las mismas. Aunque esto ocurría en todo el mundo: en Gran Bretaña, por ejemplo, jamás el gobierno intervino en el tendido de líneas ferroviarias, ni en su explotación ni en sus tarifas. Cada uno marcha entonces hacia donde más le interesa y esa dispersión no controlada marca nuestra incapacidad tanto para autofinanciarnos como para orientar las inversiones según los intereses nacionales y poner en marcha nuestro propio desarrollo. Es una lamentable constante que deriva en otra, también negativa: el endeudamiento permanente del país, que se va acentuando sobre todo a partir de Sarmiento y que culmina en la actualidad.

¿Se puede decir que la deuda externa argentina nace con Sarmiento?

No, no nace con él, pero se empieza a hacer pesada desde su presidencia. Con Sarmiento, sobre todo con motivo de las insurrecciones de López Jordán en el Litoral; se necesitaba plata para comprar armas. Pero creo que es imprescindible puntualizar que el endeudamiento en sí no es ni malo ni bueno. Todo radica en para qué se contraen las deudas. En la época de Roca, en la de Yrigoyen, por ejemplo, se tomaron unos pocos empréstitos con objetivos puntuales y útiles. Algo muy distinto, en su sensatez y eficacia, de lo que se vio con

184

la danza de la deuda externa desde Martínez de Hoz en adelante. La historia argentina no registra nunca antes un crecimiento tan pavoroso.

El economista Aldo Ferrer suele decir que el grado de complacencia del gobierno del presidente Menem para con los acreedores externos ha sido extremo, al punto de llegar incluso a condecorarlos. ¿Nuestra capacidad negociadora fue siempre tan escasa?

No, hubo momentos en los que se pudo negociar con más equilibrio y mejores reglas de juego. En el segundo gobierno de Yrigoyen, por ejemplo, hubo una oferta de importantes bancos norteamericanos para empréstitos en muy buenas condiciones; pero no fueron tomados, porque el gobierno sabía que podía exigir mejores términos. Eran épocas de prolijidad fiscal, lo que daba un respaldo muy grande. Existía todavía esa convicción —tanto en el gobierno como en los individuos en general— de que se gastaba según lo que se ganaba. Nadie se dejaba seducir por aventuras locas, ni se sometía a lo que juzgaba condiciones injustas o usurarias.

Demasiadas constantes negativas. ¿No nos queda por desarrollar ninguna otra positiva?

Por supuesto. Conservamos una idea muy celosa de la integridad nacional. Esto ocurre también desde los principios de nuestra independencia, aunque la integridad se haya visto recortada por el alejamiento del Alto Perú, del Paraguay o de Montevideo. Pero hay que pensar, contra lo que dicen algunos nacionalistas que sostienen que nos han usurpado territorio, que el Virreinato del Río de la Plata, que incluía esas comarcas, fue una operación del rey Carlos III armada sobre el papel, que no se basaba en ninguna realidad geográ-

185

fica y que convenía, por supuesto, a los intereses sobre todo de Buenos Aires, porque se convertía a la ciudad en cabeza de un territorio vastísimo. Pero, ¿qué tenía que ver la gente del Alto Perú con la de Buenos Aires, la de Paraguay con la de Córdoba? El virreinato era, en realidad, una creación ficticia; grandiosa, pero ficticia, y faltó tiempo para que fraguara: apenas duró treinta años. De modo que es fácil imaginar que en cuanto surgió la dinámica revolucionaria, centrípeta, esas regiones buscaron desprenderse, movidas por su propio interés. Pero a partir de allí, y con el territorio que quedó delimitado, la idea de integridad nacional se mantuvo siempre. La prueba está en la importancia que damos los argentinos al tema de las Malvinas, que son pequeñas y remotas islas, pero muy cercanas a nuestras emociones y convertidas definitivamente en una preocupación nacional.

Respecto de esa idea firme de integridad, hay una carta de Facundo Quiroga de 1832, dirigida al gobernador de Jujuy, que en esa época parece que estaba coqueteando con la idea de que Jujuy se separara de la Confederación y se uniera a Bolivia. La carta es muy linda porque dice algo así como que "si nosotros tuvimos que aguantar, por circunstancias muy excepcionales, la segregación de Tarija, de ninguna manera vamos a permitir ahora que Jujuy se separe de la Confederación". Es un sentimiento similar al que se planteó en Estados Unidos cuando ocurrió la Guerra de Secesión, cuando el presidente Abraham Lincoln se obstinó en que "nosotros hemos constituido la nación y los estados que la han constituido no tienen derecho a separarse, aunque lo quieran".

Ese sentimiento de integridad nacional —no importa la época, no importa el partido que estuviera en el gobierno— se articula a través de toda la historia. Persiste desde nuestros orígenes la idea de que somos un país y de que ese país tiene que manejarse lo mejor posible con sus recursos, con sus hombres, con sus ideales. Cuando Buenos Aires se separa de la Confederación Argentina, en 1852, el riesgo que se corrió de que Buenos Aires formara un estado libre fue muy grande, porque la ciudad estaba en mejores condiciones que cualquiera de las otras provincias para constituirse en un país. Sin embargo, y a pesar de las tremendas pasiones políticas que confrontaban en ese momento, Buenos Aires terminó formando parte de la nación argentina; en situación hegemónica, por supuesto, pero integrada a la nación. Fue un triunfo de la historia, y del respeto a ella de los dirigentes, tanto de Buenos Aires como de la Confederación. Todos sabían que Buenos Aires sola no podía tener un destino nacional y que las provincias solas, como había ocurrido en tiempos del gobierno de Paraná, tampoco. En consecuencia, había que buscar la fórmula de avenimiento de dos entidades tan distintas en intereses, mentalidades, creencias y rasgos sociales como eran Buenos Aires y el resto del país. De modo que yo diría que esto también es algo que, como un hilo, se va tejiendo a través de toda nuestra historia.

Respecto de la integridad nacional, los dos últimos gobiernos, el del presidente Alfonsín y el del presidente Menem, cierran con acuerdos legitimados por el Congreso argentino y por el chileno dos conflictos limítrofes de larga data: el del Beagle y el de Hielos Continentales. Chile y la Argentina ya no tienen ningún otro territorio en disputa. ¿Cree que este hecho político implica alguna marca cultural para ambos países?

Sí, creo que a la larga sí. Por supuesto, los chilenos son mucho más celosos en sus problemas territoriales que los argentinos. Ellos tienen un área mucho más restringida y, por consiguiente, pelean hasta el último centímetro; pero una vez clausurados los motivos posibles de conflicto, creo que, sin duda, los dos pueblos se van a acercar más. En realidad, es bastante injustificable la manera como Chile y la Argentina han seguido sus propios caminos durante mucho tiempo, sin buscar mayores contactos. De modo que, efectivamente, creo que cerrar la última disputa por límites va a influir en los sentimientos y las conductas entre Chile y la Argentina. Se habrán de moderar, sin duda, las expectativas demasiado nacionalistas de algunos sectores a cada lado de la cordillera. Ya nadie tendrá motivos para hostilizar al otro.

La misma sensación de haber transitado por carriles distintos se tiene cuando se observa a la Argentina y al resto de América latina. ¿Por qué siempre pareció tan difícil ver al país integrado al resto del continente?

¿Sabe? Creo que ésa es una visión demasiado teñida por el lente de Buenos Aires. Porque uno empieza a subir y ya a la altura de Tucumán, uno se da cuenta de que está en América latina, le guste o no le guste. A mí me hacen gracia los que discriminan a los inmigrantes de los países vecinos: ¿en qué se diferencia un boliviano de un jujeño, un paraguayo de un formoseño, un patagónico de un chileno? No se justifica para nada. Somos América latina desde el origen de nuestra historia y nunca hemos dejado de serlo.

Me quedé pensando en su preocupación porque le marcara constantes positivas. Creo que la mejor de ellas es la que se centra en la idea de un gran porvenir, y que nos llega también desde los primeros tiempos de emancipación. Hay algo curioso: Rivadavia usa varias veces la expresión "el porvenir venturoso de la República". Y Juan Facundo Quiroga, no solamente su adversario sino el paradigma de todo lo contrario en cuanto a modelo político, usa la misma expresión. Y la coincidencia se ha repetido a lo largo del tiempo en la mayoría de los dirigentes. Es como si todos tuvieran la sensación de que superados los conflictos, y más allá de cualquier disidencia, al país le esperaba, siempre, un gran futuro.

¿No es una constante peligrosa? Me refiero a que como lo mejor nos espera siempre en el futuro, no hay mucho por hacer en el presente.

Sí, es cierto. Esa certeza inspira una actitud casi de quietismo: como todo va a andar bien mañana, no nos preocupemos demasiado hoy. Ese sentimiento cobra dimensiones absolutas en 1910, alrededor del Centenario, cuando no había sospechas sobre el porvenir venturoso que le esperaba a la República. Después, no hay duda de que hemos tropezado muchas veces y de que esa convicción ha trastabillado. Pero creo que la idea de futuro en la Argentina sigue estando vigente, a pesar de todos los problemas que hemos tenido y seguiremos teniendo. A todos nos sigue emocionando, me parece, la sensación de que éste es un buen país, que está bien ubicado en el mapa, que tiene una población dinámica y apta para enfrentar dificultades. Todas estas condiciones nos hablan de que el país tiene que andar bien.

¿Usted se entusiasma con el futuro?

No, yo no me entusiasmo. Tiendo a analizarlo con un realismo que tira, a veces, a optimismo. Pienso que si la democracia perdura y se va perfeccionando, el país realmente puede tener un gran porvenir. Por supuesto, tienen que definirse muchas cosas antes. Por ejemplo, cuál es nuestro papel en el mundo, qué vamos a producir, qué vamos a vender y a quién. La crisis de la economía brasileña, que se destapó a principios de

1999, puso al desnudo nuestra dependencia respecto de ella y la existencia de demasiadas preguntas que todavía no nos hemos logrado responder a nosotros mismos. No son temas insuperables, pero hay que arremangarse ya y ver cómo los encaramos.

¿Cómo se proyectan estas constantes de nuestra historia hacia el futuro? ¿Las tareas que nos quedan pendientes en este fin de siglo son más complejas que las que aparecían a fines del XIX?

La gran diferencia entre este fin de siglo y el anterior es la actitud colectiva de los que habitan el suelo argentino. En aquella época campeaba un gran optimismo, tal vez excesivo, nacido al calor del vertiginoso adelanto que el país había verificado en dos décadas y que culminaba en la celebración del Centenario, en 1910. El crecimiento había sido tan rutilante que no dejaba espacio para una medida más realista y, mucho menos, pesimista, de la situación, ni para una apreciación más mesurada del porvenir: parecía que el progreso había sido asegurado en la Argentina para siempre, porque se fundaba en bases muy sólidas, cuyas pruebas estaban a la vista.

En este fin de siglo, en cambio, la visión de los argentinos y de los que pueblan la Argentina es mucho más prudente, me parece. Quizás se deba a que hemos tenido experiencias muy duras, a consecuencia de crisis políticas, económicas y morales. Por lo tanto, vemos el futuro con más aprensión, y todos cargamos, creo, con una suerte de interrogante colectivo sobre si seremos capaces de afrontar los desafíos que nos esperan en los años del próximo milenio. Realmente, ¿podremos asumir esos desafíos? Nos aferramos a una sola certeza: la necesidad de mantener la democracia, que es el marco dentro del cual todos los emprendimientos pueden caber. Pero, fuera de esto, me parece

190

que estamos bastante huérfanos y que mostramos una actitud muy inconsistente sobre el futuro. No sabemos qué nos depara este fenómeno de la globalización, no sabemos cuál es la orientación más adecuada para nuestra producción económica ni cómo nos ubicaremos dentro de las probables transformaciones políticas de nuestro continente y del mundo en la próxima década. En consecuencia, esa firmeza, esa solidez con que se vislumbraba el porvenir hace cien años, se ha diluido en este fin de siglo. Ésta es la diferencia más importante, y de ella tenemos que hacernos cargo.

En segundo lugar, creo que en aquella época había una convicción muy firme sobre la necesidad de la educación popular, que se traducía en una extendida red de escuelas públicas realmente importante, de buen nivel y con admirable sentido de servicio. En este momento, la escuela pública está muy deteriorada y las escuelas privadas —muchas y a las que por supuesto no se puede calificar en general— parecen atender solamente a una elite. Esto me preocupa, porque nada va a ser más importante en los próximos años que la educación adquirida y la posibilidad de actualizarla permanentemente. El presidente de los Estados Unidos, Bill Clinton, no se cansa de repetirlo, y eso que ellos pueden mostrar un alto nivel de educación.

Esta incertidumbre nuestra me preocupa, como la calidad de nuestra educación, insisto. A favor tenemos, en cambio, la convicción de la necesidad de la democracia, algo que no desvelaba a nadie a fines del XIX, pero que luego de las experiencias vividas en este siglo sabemos que se trata de un marco imprescindible para construir un país maduro.

Es cierto que toda América latina parece hoy convencida de que la democracia es el único camino. En situaciones extremadamente críticas como la de Para-

*guay, por ejemplo, cuando en marzo de 1999 asesinan
a su vicepresidente, es notoria la presión de su pueblo
y de los otros países del Mercosur para que la salida
sea por medios de legitimidad institucional. Sin embargo, me pregunto si la democracia argentina y la del
continente en general no está bajo otro tipo de amena-
zas que ya no son las del poder militar.*

Usted está pensando en los poderes económicos,
claro. Estas presiones, estos condicionamientos, ocu-
rren en toda América latina y también en la Argentina, mucho más con un gobierno como el del presidente
Carlos Menem que ha mostrado una gran complacencia con los megacapitales. En este sentido, me parece
que una de las necesarias reivindicaciones que debe-
rán verse en los próximos años es la de respetar la
personalidad del usuario, el contribuyente, el pasaje-
ro, el consumidor, la gente común en una palabra, que
se encuentra tan indefensa ahora frente a esos megacapitales como antes lo estaba frente al Estado empresario, que no contemplaba sus demandas. Ésta es una
de las asignaturas pendientes de la democracia.

*¿Cómo desactivar la sensación de que la democra-
cia existe, pero es una democracia para pocos, en beneficio de unos pocos?*

Es una sensación honesta, porque es un peligro
real. Si no se contemplan los intereses de todos, si no
se considera una necesidad urgente revertir la exclusión en que está quedando una porción de la población, se resentirá la calidad de nuestra democracia.
Puede ser incluso que vivamos en una democracia puramente formal, donde se respeten las exterioridades,
pero que en la práctica no se contemplen las necesidades de todos ni los derechos de todos. Una democracia
en la que pesen más los poderes ilegítimos que los

representantes elegidos con transparencia por la gente. Hace muchos años, un relato de ciencia ficción —*Mercaderes del espacio*, creo recordar que se llamaba— instalaba la acción en los comienzos del siglo XXI; entre sus personajes había algún senador estadounidense, que ya no representaba a Minesota o a California, sino a General Motors o a Coca-Cola. Es una ficción exagerada, pero que debería hacernos pensar hacia dónde estamos yendo con nuestra democracia.

Respecto de hacia dónde vamos, pienso en una constante que usted marcó: el sentido de integridad nacional. El mundo entero parece marchar hacia grandes bloques, como si un país en soledad estuviera condenado a un aislamiento perjudicial. ¿Cambiaremos nuestro sentimiento de integridad nacional?

El sentimiento, no; quizá las condiciones que lo hagan operar sobre la realidad. Es evidente que cualquier nacionalidad, cualquier país, va a estar muy condicionado por una realidad global que no dejará demasiados márgenes para decisiones individuales. Habrá que ver qué es lo que cada país cede, qué es lo razonable que ceda y qué es lo que está obligado a ceder, le guste o no. Pero, indudablemente, la idea de un país totalmente autónomo, autárquico, no dependiente de nadie, se ha desvanecido para siempre, y creo que, en líneas generales, está bien que haya ocurrido.

Esta interdependencia tiene un lado claramente positivo, porque beneficia a ciertas categorías que últimamente han cobrado importancia, como por ejemplo la defensa de los derechos humanos. El mundo está tan fuertemente vinculado que horrores como las matanzas étnicas —como vimos de marzo a junio de 1999 en la provincia yugoslava de Kosovo, por ejemplo— reciben inmediato castigo de parte del resto del mundo. Ya hay muchas cosas que los Estados no pueden hacer por su cuenta, porque el planeta entero vigila y presiona para que se retomen los carriles legales.

A comienzos de la década del '90, el politólogo norteamericano Francis Fukuyama echó a rodar la idea de que "la historia había terminado". Había caído el Muro de Berlín y, presumiblemente, las grandes confrontaciones (capitalismo-comunismo, Este-Oeste) habían concluido. ¿La historia terminó, realmente?

Siempre pensé que se había simplificado y tergiversado lo escrito por Fukuyama. No me parece que él haya sido tan extremo. Quizás, esas expresiones son las que los medios difundieron y la gente consumió. La naturaleza humana es esencialmente conflictiva, por lo que sería ingenuo suponer que las confrontaciones habrían de acabar. La historia es el relato de esos conflictos y de la forma en que se zanjaron o no. Si pensamos en otro politólogo prestigioso actualmente, el también norteamericano Samuel Huntington, es interesante tener en cuenta lo que él plantea: nos esperan nuevas formas de conflicto, quizás culturales, como los del Islam con Occidente. Y los de las etnias que se enfrentaron en los Balcanes, por ejemplo. No, no lo dude: en el campo de la historia, nada ha terminado.

EL FRANCOTIRADOR

El capítulo final de los tres tomos de su libro Perón y su tiempo *lleva un título contundente: "General, he terminado con usted". Allí hace usted un balance, un verdadero ajuste de cuentas, de la relación que había tejido con el protagonista mientras escribía el libro. En ese mismo tono de balance me gustaría que habláramos de su larga relación con la historia.*

Bueno, espero que no se trate de "Historia, he terminado con usted"...

Creo que el saldo más importante de este balance es haber puesto al alcance del público, del lector común, una historia que hasta entonces estaba un poco alejada. El lector común tenía un poco de miedo de acceder a esos grandes libros de historia, generalmente pesados y eruditos —lo cual no está mal—, pero que hacían aparecer el pasado como una temática oscura y poco atractiva. A través de la revista *Todo es Historia* (que ya cumplió más de tres décadas y por la que han pasado muchos y excelentes colaboradores) y de mis libros, creo que he logrado acercar a la gente a la historia. La gente ha descubierto así que la historia no es aburrida, ni hermética, sino instructiva, aleccionadora e incluso entretenida. Me parece que ese interés masivo inició todo un movimiento, que ahora se está viendo en plenitud, y que ha logrado hasta epígonos en la novela histórica, que tiene tantos seguidores por estos años.

Otro saldo que me enorgullece es el reconocimiento de mis pares, que me incorporaron pocos años atrás a la Academia Nacional de Historia. Hay que reconocer que no era algo fácil en un caso como el mío. Yo fui, soy y seguiré siendo una especie de francotirador, que echa mano de la televisión, de la radio, de la música incluso, de una revista periódica y, por supuesto, de libros para difundir la historia. Precisamente mi discurso de incorporación a la Academia trató sobre la divulgación de la historia. Subrayé que la divulgación no implica de ninguna manera degradación o vulgarización en el peor sentido de la palabra, sino una tarea muy ardua en la que, además de conocer el tema, hay que ingeniárselas para encontrar la forma de hacerlo atractivo para la mayor cantidad posible de gente. Insisto, agradezco profundamente la incorporación, porque, en cierto modo, yo era un espécimen raro al lado de mis colegas.

Puntualmente podría señalar que tal o cual libro me parece más logrado o que fue mejor recibido por los lectores, pero creo que el eje del balance corresponde a la divulgación masiva de la historia, algo que me ha hecho realmente feliz.

¿Cree que el hecho de haber sido un militante político influyó en esa forma de entender la historia? Me refiero no a que la haya ideologizado, sino a que haya sentido que debía democratizarla.

Es muy probable que esa influencia haya pesado en el sentido que usted sugiere. La actividad política —por más que la haya ejercido por poco tiempo— lo marca decididamente a uno; le muestra, sobre todo, que la base de cualquier acto está en la gente, a la que uno debe acercarse. En este sentido, creo que mi trabajo ha tenido alguna influencia sobre la elaboración del espíritu colectivo. Quizás suene demasiado pretensioso, pero siento que es así. En alguna época, el revisionismo histórico, por ejemplo, llevó a buena parte de la juventud a posiciones muy extremas, con finales trágicos en algunos casos. Por el contrario, siento que la historia que hice ha contribuido a unir a los argentinos, a mostrar que muchas veces nos hemos peleado por pavadas, pero que también hemos estado juntos enfrentando y defendiendo temas cruciales, dentro de un único marco posible, el de la democracia.

En ese sentido, llama la atención su prólogo a Los caudillos. *Su libro es de 1966, cuando las visiones sobre el Chacho Peñaloza, Facundo Quiroga o Felipe Varela eran virulentas e inconciliables. Sin embargo, usted convoca a una lectura equidistante, sin manipular el enfoque a favor o en contra de ninguno de ellos, ni hacer revisionismo ni historia liberal.*

Es que siempre me molestó la facción inútil, el enfrentamiento por cosas irrelevantes. En nuestra historia hay muchos ejemplos de esos desbandes. Por ejemplo, la polémica entre enseñanza laica o libre, en la década del '50, dividió al país ferozmente durante algún tiempo. Sin embargo, las universidades privadas, consecuencia directa de la ley que finalmente se sancionó, crecieron y se multiplicaron, más allá de aquellos ideologismos estériles. Si alguno de mis libros sirvió para clausurar esas violencias inútiles, bienvenido sea. Si alguno puso paz en el espíritu de los argentinos, me doy por más que satisfecho. Una vez, un taxista me dijo algo que me conmovió: "Yo leí *El 45*. Antes de leerlo era peronista fanático. Ahora, soy peronista". Esto merece toda una vida.

Su primer libro es Yrigoyen, *de 1954. ¿Cómo se atrevió un historiador joven a trabajar sobre materiales casi contemporáneos, lo que suele ser un desafío mayor?*

Claro, usted dice un historiador... Pero yo no era un historiador en esa época. Era, más bien, un militante político que usaba la historia para exaltar a una personalidad clave de la Argentina, que, en el momento en que yo escribía, seguía teniendo vigencia y era una especie de contrafigura de Perón, tan presente en aquellos años. Usé métodos históricos; me manejé intuitivamente con fuentes documentales históricas y periodísticas, pero debo reconocer que *Yrigoyen* es un libro de militancia política, sin perjuicio de que haya allí mucha información que todavía es útil. Pero había —y nadie puede acusarme porque lo digo en el prólogo del libro— una posición tomada, cosa que evidentemente no es aconsejable en un historiador y, menos todavía, en un historiador contemporáneo a los hechos tratados.

¿Cuándo y cómo desanda el camino del militante político al historiador?

¿Sabe qué pasa? A mí siempre me interesó lo político, pero no la política. Lo político como fenómeno, como lucha por el poder, como instrumento de transformación, me parece lo más fascinante que hay en la historia. Pero los laberintos de la tarea política, el "chamuyo" con la gente, las trenzas, son cosas que me aburren solemnemente y de las que me siento muy lejos. Eso lo advertí tan pronto como empecé a militar en política. De todos modos, como le dije, toda esa vida me marcó y no reniego de ella. Pero la historia como actividad me sedujo con rapidez e intensamente, y el militante dejó paso al historiador. Pero el vínculo no desapareció jamás: por algo he hecho siempre historia política más que económica o social o de las ideas.

¿Cuál es entonces el primer libro de un historiador ya formado?

Los caudillos, porque en él trabajé por primera vez con una metodología estrictamente histórica sobre personajes que habían sido muy maltratados por la historia clásica. José Artigas, Francisco Ramírez, Facundo Quiroga, Ángel Vicente Peñaloza y Felipe Varela merecían ser reivindicados, aunque más no fuera por sus intenciones. No tanto por sus planes, que creo no tenían o eran muy borrosos y que no incluían el modelo de país que finalmente triunfó. La Argentina que vivimos es la que diseñaron Mitre y Sarmiento, no los caudillos. Pero, de todos modos, aquéllas son figuras destacadas de nuestra historia y merecían ser conocidas mejor y evaluadas con rigor y ecuanimidad.

¿Con qué ojos debe mirar un historiador? ¿Con los de su tiempo o con los del tiempo de sus personajes?

Con ojos de perspectiva histórica. Si alguien o algo es analizado con los ojos de la actualidad, es probable que el resultado parezca más interesante, pero es casi seguro que implique error. Para un historiador es fundamental meterse en la época sobre la que está trabajando, para entender —no juzgar— al personaje o el proceso que investiga. Mirar con los ojos del presente es siempre peligroso y distorsionante.

Meterse profundamente en la vida y en el tiempo de un personaje histórico, ¿modifica el carácter de un historiador? Se lo pregunto porque entre los escritores de ficción parece haber dos bandos: los que padecen mientras escriben y los que son inmensamente felices.

A mí me da una gran felicidad escribir. A veces digo "estoy trabajando", "voy a trabajar", y enseguida pienso: "pero esto no es trabajo para mí, es recreación, algo muy placentero". Sin perjuicio de que uno muchas veces se sienta frustrado, porque no pueda abordar algunos temas con todos los elementos que quisiera. Hay vacíos, conos de sombra, mientras uno escribe. Pero mayoritariamente los momentos son de felicidad. Creo que la clave es ésta: yo no busco ni encuentro un personaje, sino que el personaje viene a mí. Cuando descubro que puedo abordarlo, desarrollarlo de manera plena, me siento muy justificado ante mí mismo.

¿Siempre el proceso fue tan beatífico? ¿Roca, Sarmiento, Perón llegaron a usted con tanta placidez?

No es beatífico. Es algo misterioso. De repente aparece un personaje en el momento más insólito, y uno dice: éste. No hay demasiadas razones; hay magias, químicas que se van dando y uno de pronto sintoniza con un personaje, un grupo de personajes o un momento histórico, y éstos terminan imponiéndose por su propio peso.

Usted se ocupó de enumerar las constantes que, a su juicio, cruzan la historia argentina. ¿Puede ser que la que cruza su propia visión de la historia sea la construcción del poder en la Argentina?

Sin darme cuenta he hecho eso, he trabajado en esa dirección. Yrigoyen, Alvear, Ortiz, Perón, Roca, los caudillos... Sí, son los personajes que construyeron poder para algo: para poner en marcha un país.

La revista Time *de la primera semana de abril de 1999 incluye una larga nota que cuenta que un "site" en Internet llamado "Roots" (Raíces) fue visitado en marzo por ciento sesenta millones de personas: el récord de la red en el mes. "Roots" es un lugar donde uno puede averiguar de dónde viene su familia y cuál es la historia de sus antepasados. ¿Le dice algo el dato?*

Me dice que la gente tiene siempre una preocupación por el pasado, ya sea el personal o el colectivo. "¿De dónde vengo?" es una pregunta que los individuos y los países viven haciéndose, a veces con esperanza o con mucho dolor. Es una pregunta esencial que remite al pasado, pero que define nuestro presente y nuestro futuro, nuestra identidad. ¿Sabe una cosa? No me extraña este dato sobre Internet. Y me da mucha alegría.

Ahora me gustaría que estas conversaciones se clausuraran con esta confidencia o, si lo prefiere, esta declaración: la del historiador es una tarea difícil, que exige una gran responsabilidad ante el público. Pero las satisfacciones que a veces ofrece son enormes. Yo tengo que bendecir a la providencia, al azar o a lo que sea, que me condujo hacia estos senderos. Y le aseguro, Analía, que los volvería a recorrer sin vacilar, porque en ellos me reconozco como un argentino que sirve.

ÍNDICE

Esta edición de 10.000 ejemplares
se terminó de imprimir en
Artes Gráficas Piscis S. R. L.,
Junín 845, Buenos Aires,
en el mes de octubre de 1999.